Grillen

Leckeres und Raffiniertes vom Grill

Bath · New York · Singapore · Hong Kong · Cologne · Delhi
Melbourne · Amsterdam · Johannesburg · Shenzhen

Copyright © für die deutsche Ausgabe
Parragon Books Ltd
Chartist House
15–17 Trim Street
Bath BA1 1HA, UK
www.parragon.com

Realisation der deutschen Ausgabe: trans texas publishing, Köln
Übersetzung: Melanie Schirdewahn, Köln u. a.
Korrektorat: Sebnem Yavuz, Erpeř
Satz: Greiner & Reichel, Köln

ISBN 978-1-4748-0321-2

Printed in China

Hinweis

Sofern die Schale von Zitrusfrüchten benötigt wird, verwenden Sie unbedingt unbehandelte Früchte.
Sind Zutatenmengen in Löffeln angegeben, ist immer ein gestrichener Löffel gemeint: Ein Teelöffel entspricht 5 ml,
ein Esslöffel 15 ml.

Es sollte stets frisch gemahlener schwarzer Pfeffer verwendet werden. Einige Rezepte enthalten Nüsse.
Allergiker sollten bei Rezepten, in denen Nüsse verarbeitet werden, die Nüsse weglassen.

Bei Eiern und einzelnen Gemüsesorten, z. B. Kartoffeln, verwenden Sie mittelgroße Exemplare. Kleinkinder, ältere
Menschen, Schwangere, Rekonvaleszenten und gesundheitlich beeinträchtigte Personen sollten Rezepte mit rohen
oder nur leicht gegarten Eiern meiden.

Die angegebenen Gar- und Zubereitungszeiten können von den tatsächlichen leicht abweichen, da je nach
Zubereitungsart und Herdtyp Schwankungen auftreten.

In dieser Reihe erhältlich:

leicht gemacht

Schnelle Gerichte

Studenten Küche

Vegetarisch

Vegan

Wok

Grillen

Nudel Gerichte

Salate

Tapas

Partyküche

Säfte & Shakes

Cocktails

Desserts

Schokolade

Cupcakes & Muffins

Backen

Inhaltsverzeichnis

Sie wissen, dass es Sommer wird, wenn der wunderbare Geruch von Holzkohle und gegrilltem Fleisch durch die Gärten und Parks weht. Wenn die Tage länger und sonniger werden, zieht es uns alle ins Freie.

Grillen im Familienkreis oder mit Freunden ist ideal, wenn es zu warm ist, um in der Küche am Herd zu stehen, oder wenn Sie gleichzeitig bei Ihren Lieben sein möchten, während Sie das Essen zubereiten.

Grillen bedeutet Genuss. Sogar die einfachsten Würstchen verwandeln sich auf dem Grill in knusprig-knackige Köstlichkeiten. Der Geruch von Gegrilltem steigert den Appetit, und an der frischen Luft schmeckt sowieso alles noch viel besser!

Für einen Grill brauchen Sie nicht viel Platz – sollten Sie im Garten, auf der Terrasse oder im Hinterhof ein Plätzchen frei haben, können Sie dort bequem Ihren Grill aufstellen. Kleine Grills können Sie auch mit an den Strand oder in den Campingurlaub nehmen.

Neben Koteletts, Steaks, Burgern und Spießen finden Sie in diesem Buch viele köstliche Extras wie Salate, Saucen und Desserts. Servieren Sie dazu erfrischende Cocktails mit oder ohne Alkohol, und die Party kann beginnen!

Barbecue-Klassiker

Würzige Lammsteaks

Barbecue-Klassiker

Zutaten für 4 Personen

- 4 Lammsteaks (à 175 g)
- 8 frische Rosmarinzweige
- 8 frische Lorbeerblätter
- 2 EL Olivenöl

Marinade
- 2 EL Sonnenblumenöl
- 1 große Zwiebel, fein gehackt

- 2 Knoblauchzehen, fein gehackt
- 2 EL Jerk-Gewürz-mischung (s. S. 34)
- 1 EL Currypaste
- 1 TL frisch geriebener Ingwer
- 400 g gehackte Tomaten aus der Dose

- 4 EL Worcestersauce
- 3 EL heller Muskovado-Zucker
- Salz und Pfeffer

So geht's

Für die Marinade das Öl in einem Topf erhitzen. Zwiebel und Knoblauch zugeben und andünsten. Jerk-Gewürzmischung, Currypaste und Ingwer zugeben und unter ständigem Rühren 2 Minuten garen. Tomaten, Worcestersauce und Zucker zufügen. Mit Salz und Pfeffer abschmecken und zum Kochen bringen. Die Hitze reduzieren und 15 Minuten köcheln lassen, bis die Marinade andickt. Den Topf vom Herd nehmen und auskühlen lassen.

Die Lammsteaks vorsichtig etwas flach klopfen. Die Marinade in eine große Auflaufform gießen und die Steaks mehrmals darin wenden. Abdecken und 3 Stunden im Kühlschrank marinieren.

Den Grill vorheizen. Das Fleisch aus der Auflaufform heben und die Marinade aufbewahren. Die Steaks über mittlerer Glut 5–7 Minuten auf jeder Seite grillen, dabei häufig mit der Marinade bestreichen. Rosmarin und Lorbeerblätter in das Olivenöl tauchen und 3–5 Minuten grillen. Die Lammsteaks sofort mit den gegrillten Kräutern servieren.

Würzige Rippchen

Barbecue-Klassiker

Zutaten für 4 Personen

- 1 kg Schweinerippchen, tranchiert

Gewürzpaste
- 1 Zwiebel, gehackt
- 2 Knoblauchzehen, gehackt

- 2,5-cm-Stück Ingwerwurzel, in feine Scheiben geschnitten
- 1 frischer roter Chili, entkernt und gehackt

- 5 EL dunkle Sojasauce
- 3 EL Limettensaft
- 1 EL Palm- oder Muskovado-Zucker
- 2 EL Erdnussöl
- Salz und Pfeffer

So geht's

Für die Gewürzpaste alle Zutaten im Mixer oder mit dem Pürierstab zu einer Paste verarbeiten.

Den Grill vorheizen. Die Rippchen in einen Wok oder eine große Pfanne geben, mit der Gewürzpaste übergießen und zum Kochen bringen. Die Hitze reduzieren und unter häufigem Rühren 30 Minuten köcheln lassen. Falls die Gewürzmischung zu schnell verdampft, etwas Wasser zugießen.

Die Rippchen aus dem Wok nehmen und die Gewürzpaste in eine Schale füllen. Die Rippchen über mittlerer Glut 20 Minuten unter häufigem Wenden grillen. Dabei mehrmals mit der Gewürzpaste bestreichen. Auf eine Servierplatte geben und sofort servieren.

Grillsteak-Fajitas

Barbecue-Klassiker

Zutaten für 4 Personen

- 650 g Rumpsteak am Stück, etwa 2 cm dick
- 4 große Weizen-Tortillas
- 1 Avocado, in dünne Scheiben geschnitten
- 2 Tomaten, in dünne Scheiben geschnitten
- 4 EL saure Sahne

- 4 Frühlingszwiebeln, in feine Ringe geschnitten

Marinade
- 2 EL Sonnenblumenöl, plus etwas mehr zum Einfetten
- fein abgeriebene Schale von 1 Limette

- 1 EL Limettensaft
- 2 Knoblauchzehen, zerdrückt
- ¼ TL gemahlener Koriander
- ¼ TL gemahlener Kreuzkümmel
- 1 Prise Zucker
- Salz und Pfeffer

So geht's

Für die Marinade alle Zutaten in einer großen Schüssel verrühren und das Fleisch darin wenden. Die Schüssel abdecken und für mindestens 6 Stunden oder über Nacht im Kühlschrank marinieren. Dabei das Fleisch gelegentlich wenden.

Den Grill vorheizen und den Rost einölen. Das Rumpsteak aus der Marinade nehmen und auf mittlerer Glut 5 Minuten blutig oder 8–10 Minuten medium grillen. Dabei das Steak ein- bis zweimal mit der restlichen Marinade bestreichen.

Die Tortillas nach Packungsanweisung erwärmen.

Das Rumpsteak gegen die Faser in feine Streifen schneiden und auf den Tortillas verteilen. Avocado- und Tomatenscheiben sowie etwas saure Sahne daraufgeben und mit den Frühlingszwiebeln bestreuen. Die Tortillas zusammenklappen und sofort servieren.

Glasierte Koteletts

Barbecue-Klassiker

Zutaten für 4 Personen

- 4 magere
  Schweinekoteletts
- Salz und Pfeffer
- Sonnenblumenöl, zum
  Einfetten

Glasur
- 4 EL Honig
- 1 EL trockener
  Sherry
- 4 EL Orangensaft

- 2 EL Olivenöl
- 2,5-cm-Stück
  Ingwerwurzel,
  gerieben

So geht's

Den Grill vorheizen und den Rost einfetten. Die Koteletts salzen und
pfeffern.

Für die Glasur alle Zutaten in einen kleinen Topf geben und unter
ständigem Rühren erhitzen, bis sich der Honig aufgelöst hat.

Die Koteletts über starker Glut von jeder Seite 5 Minuten grillen. Mit
der Glasur bestreichen und weitere 2–4 Minuten von jeder Seite grillen.
Dabei noch einmal mit der Glasur bestreichen.

Die Koteletts auf eine vorgewärmte Platte geben und sofort servieren.

Gegrillter Fisch

Barbecue-Klassiker

Zutaten für 4 Personen

- 4 weißfleischige Fisch-steaks, z. B. Kabeljau, Scholle oder Seezunge
- 1 EL Paprikapulver
- 1 TL getrockneter Thymian
- 1 TL Cayennepfeffer
- 1 TL gemahlener schwarzer Pfeffer
- ½ TL gemahlener weißer Pfeffer
- ½ TL Salz
- ¼ TL gemahlener Piment
- 50 g Butter
- 3 EL Sonnenblumenöl
- gekochte grüne Bohnen, zum Servieren

So geht's

Den Grill vorheizen. Die Fischsteaks unter fließend kaltem Wasser abspülen und mit Küchenpapier trocken tupfen.

Paprika, Thymian, Cayennepfeffer, Pfeffer, Salz und Piment in einem tiefen Teller mischen.

Butter und Sonnenblumenöl in einen kleinen Topf geben und erwärmen, bis die Butter geschmolzen ist. Die Fischsteaks auf beiden Seiten groß-zügig mit der Buttermischung bestreichen und in der Gewürzmischung wenden.

Die Fischsteaks über starker Glut von jeder Seite etwa 3–5 Minuten grillen. Dabei mit der restlichen Buttermischung bestreichen. Mit den grünen Bohnen servieren.

Thymianwürstchen

Barbecue-Klassiker

Zutaten für 4 Personen

- 1 Knoblauchzehe, fein gehackt
- 1 Zwiebel, gerieben
- 1 frischer roter Chili, entkernt und fein gehackt
- 500 g mageres Schweinemett

- 50 g Mandeln, geröstet und gemahlen
- 50 g frische Semmelbrösel
- 1 EL frisch gehackter Thymian
- Salz und Pfeffer
- Mehl, zum Bestäuben
- Pflanzenöl, zum Einfetten

Zum Servieren
- Baguettebrötchen
- Salatblätter
- blanchierte Zwiebelspalten
- Tomatenketchup und Senf

So geht's

Knoblauch, Zwiebel, Chili, Schweinemett, Mandeln, Semmelbrösel und Thymian in eine große Schüssel geben. Mit Salz und Pfeffer würzen und sorgfältig vermengen.

Aus der Masse kleine Würstchen formen, diese leicht in Mehl rollen und auf einen Teller legen. Abdecken und 45 Minuten im Kühlschrank ziehen lassen.

Den Grill vorheizen. Ein Stück Alufolie mit Öl einfetten. Die Würstchen darauflegen und ebenfalls mit Öl bestreichen. Die Folie auf den Rost heben.

Die Würstchen unter häufigem Wenden über starker Glut etwa 15 Minuten grillen, bis sie durchgegart sind. In Baguettebrötchen mit Salat, Zwiebeln, Ketchup und Senf servieren.

Senf-Honig-Keulchen

Barbecue-Klassiker

Zutaten für 4 Personen

- 8 Hähnchen-
  unterkeulen
- Salatblätter,
  zum Servieren

Glasur
- 125 g Honig
- 4 EL Dijon-Senf
- 4 EL körniger Senf

- 4 EL Weißweinessig
- 2 EL Sonnenblumenöl
- Salz und Pfeffer

So geht's

Die Keulen mit einem scharfen Messer zwei- bis dreimal diagonal einschneiden und in eine Schüssel geben. Für die Glasur die Zutaten in einer großen Schüssel verrühren, die Keulen zugeben und mehrmals darin wenden. Abdecken und 1 Stunde im Kühlschrank marinieren.

Den Grill vorheizen. Die Keulen abtropfen lassen und die Glasur aufbewahren. Die Keulen über mittlerer Glut 25–30 Minuten unter regelmäßigem Wenden grillen, bis das Fleisch durchgegart ist. Dabei regelmäßig mit der Glasur bestreichen. Die Salatblätter auf einer Servierplatte verteilen, die Hähnchenkeulen darauf anrichten und servieren.

Lachssteaks mit Mango-Salsa

Barbecue-Klassiker

Zutaten für 4 Personen

- 4 Lachssteaks (à 175 g)
- fein abgeriebene Schale und Saft von 1 Limette
- Salz und Pfeffer

Mango-Salsa
- 1 große Mango, klein gewürfelt
- 1 rote Zwiebel, fein gehackt
- Mark von 2 Passionsfrüchten
- 1 Handvoll Basilikumblätter
- 2 EL Limettensaft
- Salz

So geht's

Den Grill vorheizen. Die Lachssteaks unter fließend kaltem Wasser abspülen und mit Küchenpapier trocken tupfen. In eine große Schüssel geben. Mit der Limettenschale bestreuen und mit dem Saft beträufeln. Mit Salz und Pfeffer würzen, abdecken und kurz ziehen lassen.

Für die Salsa alle Zutaten in einer Schüssel verrühren, abdecken und bis zum Gebrauch kalt stellen.

Die Lachssteaks über mittlerer Glut 3–4 Minuten von jeder Seite grillen. Sofort mit der Mango-Salsa servieren.

Beschwipste Rindersteaks

Barbecue-Klassiker

Zutaten für 4 Personen

- 4 Rindersteaks
- 4 EL Whisky oder Weinbrand
- 2 EL Sojasauce
- 1 EL dunkler Muskovado-Zucker

- Pfeffer
- 2 Tomaten, in Scheiben geschnitten
- frische Petersilie, zum Garnieren

- Knoblauchbaguette, zum Servieren (s. S. 162)

So geht's

Steakränder mit Schwarte mehrmals einschneiden, damit sie sich beim Grillen nicht nach oben wölben. Die Steaks in eine Schüssel geben.

Whisky, Sojasauce, Zucker und Pfeffer in einer Schale verrühren, bis sich der Zucker aufgelöst hat. In die Schüssel gießen und die Steaks darin wenden. Abdecken und 2 Stunden im Kühlschrank marinieren.

Den Grill vorheizen. Die Steaks über starker Glut 2 Minuten von jeder Seite grillen. Dann über schwacher bis mittlerer Glut weitere 4–10 Minuten bis zur gewünschten Garstufe rösten.

Die Tomatenscheiben 1–2 Minuten grillen. Steaks und Tomaten auf vorgewärmte Teller geben. Mit Petersilie garnieren und mit Knoblauch-baguette servieren.

Auberginen-Sandwich

Barbecue-Klassiker

Zutaten für 2 Personen

- 1 große Aubergine
- 1 EL frisch gepresster Zitronensaft
- 3 EL Olivenöl
- Salz und Pfeffer

- 125 g Mozzarella, in dünne Scheiben geschnitten
- 2 getrocknete Tomaten, fein gehackt

Zum Servieren
- 1 frische Ciabatta oder Baguette
- Tomatenscheiben
- Rucola

So geht's

Den Grill vorheizen. Die Aubergine in dünne Scheiben schneiden.

Zitronensaft, Olivenöl, etwas Salz und Pfeffer in einer Schale verrühren und die Auberginenscheiben auf beiden Seiten damit bestreichen. Über mittlerer Glut 2–3 Minuten grillen, bis die Unterseite goldbraun ist.

Die Hälfte der Auberginenscheiben wenden, mit 1 Mozzarellascheibe belegen und mit den getrockneten Tomaten bestreuen.

Die restlichen Auberginenscheiben mit der gegrillten Seite nach unten daraufsetzen und mit der Ölmischung bestreichen. Die Auberginen-päckchen nun vorsichtig wenden und weitere 1–2 Minuten grillen.

Die Ciabatta waagerecht halbieren und mit Tomatenscheiben, Rucola und den Auberginenpäckchen belegen. In der Mitte durchschneiden und servieren.

Zutaten für 4 Personen

- 16 Hähnchenflügel
- 4 EL Sonnenblumenöl, plus etwas mehr zum Bestreichen
- 4 EL helle Sojasauce
- 5-cm-Stück Ingwerwurzel, grob gehackt
- 2 Knoblauchzehen, grob gehackt
- Saft und abgeriebene Schale von 1 Zitrone

- 2 TL gemahlener Zimt
- 2 TL gemahlene Kurkuma
- 4 EL Honig
- Salz und Pfeffer

Sauce
- 2 orangefarbene Paprika
- 2 gelbe Paprika
- Sonnenblumenöl, zum Einfetten

- 125 g Naturjoghurt
- 2 EL dunkle Sojasauce
- 2 EL frisch gehackter Koriander

So geht's

Die Hähnchenflügel in eine große Schüssel geben. Öl, Sojasauce, Ingwer, Knoblauch, Zitronensaft und -schale, Zimt, Kurkuma und Honig im Mixer glatt pürieren. Mit Salz und Pfeffer abschmecken. Die Masse über die Hähnchenflügel verteilen. Abdecken und mindestens 4 Stunden im Kühlschrank marinieren.

Den Grill vorheizen. Für die Sauce die Paprika mit Öl bestreichen und über starker Glut 10 Minuten grillen, bis die Haut schwarz wird und Blasen wirft. In einen Gefrierbeutel geben, etwas abkühlen lassen und die Haut abziehen. Die Paprika entkernen, in Stücke schneiden und mit dem Joghurt im Mixer glatt pürieren. Dann mit Sojasauce und Koriander verrühren.

Die Hähnchenflügel abtropfen lassen und die Marinade aufbewahren. Über mittlerer Glut 8–10 Minuten unter häufigem Wenden grillen, bis das Fleisch durchgegart ist. Dabei häufig mit der Marinade bestreichen. Sofort mit der Sauce servieren.

Zutaten für 6 Personen

- 6 Lammkoteletts (à 175 g)
- 150 g Naturjoghurt
- 2 Knoblauchzehen, fein gehackt
- 1 TL frisch geriebener Ingwer

- ¼ TL zerdrückte Koriandersamen
- Salz und Pfeffer
- 1 EL Olivenöl, plus etwas mehr zum Einfetten

- 1 EL Orangensaft
- 1 TL Walnussöl
- 2 EL frisch gehackte Minze

So geht's

Die Lammkoteletts in eine große Schüssel geben. Die Hälfte des Joghurts, Knoblauch, Ingwer und Koriander in einer Schüssel verrühren und mit Salz und Pfeffer abschmecken. Die Mischung über das Fleisch gießen. Abdecken und 2 Stunden im Kühlschrank marinieren. Dabei das Fleisch gelegentlich wenden.

Den Grill vorheizen. Den restlichen Joghurt, Olivenöl, Orangensaft, Walnussöl und Minze in einer Schüssel verrühren. Mit Salz und Pfeffer abschmecken. Die Schüssel abdecken und bis zum Gebrauch im Kühlschrank aufbewahren.

Die Koteletts abtropfen lassen, die Marinade entfernen und das Fleisch mit Olivenöl bestreichen. Über mittlerer Glut 5–7 Minuten von jeder Seite grillen. Sofort mit dem Minzejoghurt servieren.

Cajun-Chicken

Barbecue-Klassiker

Zutaten für 4 Personen

- 4 Hähnchenkeulen, zerlegt in Ober- und Unterkeule
- 2 Maiskolben, in Stücke geschnitten
- 80 g Butter, zerlassen

Gewürzmischung
- 2 TL Zwiebelpulver
- 2 TL Paprika
- 1½ TL Salz

- 1 TL Knoblauchpulver
- 1 TL getrockneter Thymian
- 1 TL Cayennepfeffer
- 1 TL gemahlener schwarzer Pfeffer
- ½ TL gemahlener weißer Pfeffer
- ½ TL gemahlener Kreuzkümmel

So geht's

Den Grill vorheizen. Mit einem Messer die Haut der Hähnchenkeulen jeweils zwei- bis dreimal diagonal einritzen und zusammen mit den Maiskolben in eine Schüssel geben.

Für die Gewürzmischung alle Zutaten sorgfältig mischen. Keulen und Maiskolben mit der Butter übergießen, mit der Gewürzmischung bestreuen und gut wenden.

Die Keulen über mittlerer Glut etwa 25 Minuten bei gelegentlichem Wenden grillen. Die Maisstücke nach 10 Minuten mit auf den Rost legen und goldbraun grillen. Auf vorgewärmten Tellern anrichten und sofort servieren.

Jerk-Chicken

Barbecue-Klassiker

Zutaten für 4 Personen

- 4 magere Hähnchenteile

Jerk-Gewürzmischung
- 1 Bund Frühlingszwiebeln
- 1–2 frische rote Chili,
  oder Scotch-Bonnet-Chili,
  entkernt
- 1 Knoblauchzehe

- 5-cm-Stück Ingwerwurzel,
  geschält und
  grob gehackt
- ½ TL getrockneter
  Thymian
- ½ TL Paprikapulver
- ¼ TL gemahlener Piment
- 1 Prise gemahlener Zimt

- 1 Prise gemahlene
  Gewürznelken
- 4 EL Weißweinessig
- 3 EL helle Sojasauce
- Pfeffer

So geht's

Die Hähnchenteile abspülen, mit Küchenpapier trocken tupfen und in eine flache Form geben.

Für die Gewürzmischung alle Zutaten im Mixer glatt pürieren. In die Form gießen und die Hähnchenteile mehrmals darin wenden. Abdecken und im Kühlschrank bis zu 24 Stunden marinieren.

Die Hähnchenteile aus der Marinade nehmen und über mittlerer Glut etwa 30 Minuten unter gelegentlichem Wenden grillen, bis das Fleisch durchgegart ist. Dabei regelmäßig mit der Marinade bestreichen. Sofort servieren.

Thunfisch mit Chili-Salsa

Barbecue-Klassiker

Zutaten für 4 Personen

- 4 Thunfischsteaks (à 175 g)
- abgeriebene Schale und Saft von 1 Limette
- 2 EL Olivenöl
- Salz und Pfeffer
- frisches Baguette, zum Servieren

Chili-Salsa
- 2 orangefarbene Paprika
- 1 EL Olivenöl
- Saft von 1 Limette
- Saft von 1 Orange
- 2–3 frische rote Chili, entkernt und gehackt

- 1 Prise Cayennepfeffer

Zum Garnieren
- Korianderstängel
- Salatblätter

So geht's

Die Thunfischsteaks unter fließend kaltem Wasser abspülen und mit Küchenpapier trocken tupfen. In eine große Schüssel geben, Limettenschale und -saft und Olivenöl zugeben. Salzen und pfeffern, abdecken und 30 Minuten im Kühlschrank marinieren.

Den Grill vorheizen. Für die Salsa die Paprika mit dem Olivenöl bestreichen und über starker Glut 10 Minuten grillen, bis die Haut schwarz wird und Blasen wirft. Die Paprika in einem Gefrierbeutel abkühlen lassen. Dann die Haut abziehen und die Paprika entkernen. Mit den restlichen Zutaten für die Salsa im Mixer pürieren und in eine Schüssel füllen.

Die Thunfischsteaks über starker Glut 4–5 Minuten von jeder Seite goldbraun grillen. Auf Teller verteilen, mit Koriander und Salat garnieren und mit der Chili-Salsa und frischem Baguette servieren.

Vegetarische Würstchen

Barbecue-Klassiker

Zutaten für 4 Personen

- 1 EL Sonnenblumenöl, plus etwas mehr zum Einfetten
- 1 kleine Zwiebel, fein gehackt
- 50 g Champignons, fein gehackt
- ½ rote Paprika, fein gewürfelt
- 400 g Cannellini-Bohnen aus der Dose, abgespült und abgetropft
- 100 g frische Semmelbrösel
- 100 g geriebener Cheddar oder Emmentaler
- 1 TL gemischte getrocknete Kräuter
- 1 Eigelb
- Salz und Pfeffer
- Mehl, zum Wälzen

Zum Servieren

- 8 Hotdog-Brötchen
- geröstete Zwiebelringe
- Tomaten-Chutney oder Gewürzketchup

So geht's

Das Sonnenblumenöl in einem Topf erhitzen. Zwiebel, Pilze und Paprika zugeben und weich dünsten.

Die Bohnen in einer großen Schüssel mit einer Gabel zerdrücken. Das gedünstete Gemüse, Semmelbrösel, Käse, Kräuter und Eigelb zugeben und vermengen. Mit Salz und Pfeffer abschmecken und die Masse zu 8 Würstchen formen. Etwas Mehl auf die Arbeitsfläche streuen und die Würstchen darin wälzen. Auf einen Teller geben, abdecken und 30 Minuten kalt stellen.

Den Grill vorheizen. Ein Stück Alufolie mit etwas Öl einpinseln, die Würstchen darauflegen und über mittlerer Glut 15–20 Minuten unter regelmäßigem Wenden goldbraun grillen. Dabei mit Öl bestreichen. Die Hotdog-Brötchen halbieren, jeweils ein Würstchen, Zwiebelringe und Tomaten-Chutney hineingeben und servieren.

Für die Grillparty

Zutaten für 4 Personen

- 4 küchenfertige Rotbarben (à 350 g)
- 1 Limette, in dünne Scheiben geschnitten
- 1 Knoblauchzehe, in Scheiben geschnitten
- 4 Bananenblätter, zu Quadraten mit 40 cm Seitenlänge geschnitten
- 2 Frühlingszwiebeln, in feine Scheiben geschnitten

Gewürzpaste
- Saft von 1 Limette
- 2 Knoblauchzehen, fein gehackt
- 2,5-cm-Stück Ingwerwurzel
- 1 Zwiebel, fein gehackt
- 4½ TL Erdnuss- oder Maiskeimöl
- 3 EL Kecap Manis oder helle Sojasauce
- 1 TL gemahlener Koriander

- 1 TL gemahlener Kreuzkümmel
- ¼ TL gemahlene Gewürznelke
- ¼ TL gemahlene Kurkuma

So geht's

Den Grill vorheizen. Die Rotbarben unter fließend kaltem Wasser abspülen und mit Küchenpapier trocken tupfen. Die Fische auf beiden Seiten mehrmals mit einem scharfen Messer diagonal einschneiden und Limetten- und Knoblauchscheiben in die Schlitze stecken. Je einen Fisch auf ein Bananenblatt legen und mit den Frühlingszwiebeln bestreuen.

Für die Paste alle Zutaten in eine Schüssel geben und gut verrühren.

Die Paste mit einem Teelöffel im Bauchraum und auf der Fischhaut verteilen. Die Bananenblätter um die Rotbarben zusammenfalten und gut mit Küchengarn verschnüren. Über mittlerer Glut 15–20 Minuten unter gelegentlichem Wenden grillen. Im Bananenblatt servieren.

Estragon-Putenschnitzel

Für die Grillparty

Zutaten für 4 Personen

- 4 Putenbrustfilets
  (à 175 g)
- Salz und Pfeffer
- 4 TL körniger Senf
- 8 Estragonstängel,
  plus etwas mehr
  zum Garnieren

- 4 Scheiben geräucherter
  Frühstücksspeck
- 4 Holzspieße, 30 Minuten
  in kaltem Wasser eingelegt
- Salatblätter,
  zum Servieren

So geht's

Den Grill vorheizen. Die Putenbrustfilets mit Salz und Pfeffer würzen und mit dem Senf bestreichen.

2 Estragonstängel auf je ein Putenbrustfilet legen, mit den Speck-scheiben umwickeln und mit einem Holzspieß feststecken.

Die Putenbrustfilets über mittlerer Glut 5–8 Minuten von jeder Seite grillen. Auf 4 Teller verteilen und mit Estragon garnieren. Mit Salat-blättern servieren.

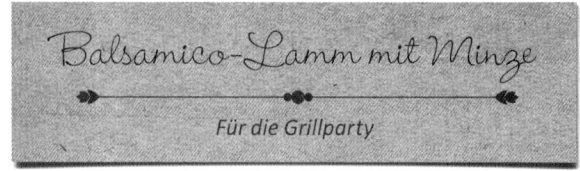

Balsamico-Lamm mit Minze

Für die Grillparty

Zutaten für 4 Personen

- 1 entbeinte Lammkeule (etwa 1,8 kg)

Marinade
- 8 EL Balsamico-Essig
- abgeriebene Schale und Saft von 1 Zitrone

- 150 ml Sonnenblumenöl
- 4 EL frisch gehackte Minze
- 2 Knoblauchzehen, zerdrückt
- 2 EL heller Muskovado-Zucker
- Salz und Pfeffer

Zum Servieren
- gegrilltes Gemüse, z. B. Paprika und Zucchini
- schwarze Oliven

So geht's

Die Keule seitlich aufschneiden und aufklappen, sodass eine Schmetterlingsform entsteht. Nun 2–3 Schaschlikspieße seitlich durch das Fleisch stecken, damit es einfacher gewendet werden kann.

Für die Marinade alle Zutaten in eine große Schüssel geben und verrühren. Die Lammkeule zugeben und mehrmals in der Marinade wenden. Abdecken und mindestens 6 Stunden im Kühlschrank marinieren. Dabei das Fleisch gelegentlich wenden.

Den Grill vorheizen. Die Lammkeule abtropfen lassen und die Marinade aufbewahren. Den Grillrost etwa 15 cm über der Glut einrasten. Das Lamm 30 Minuten von jeder Seite grillen und dabei mehrmals mit der Marinade bestreichen.

Die Lammkeule auf ein Schneidebrett heben und die Spieße entfernen. Das Fleisch gegen die Faser in Scheiben schneiden und mit Grillgemüse und Oliven servieren.

Zitronen-Kräuter-Schnitzel

Für die Grillparty

Zutaten für 4 Personen

- 4 Schweineschnitzel
- 1 Apfel, entkernt und in Ringe geschnitten

Marinade
- 2 EL Sonnenblumenöl
- 6 Lorbeerblätter, zerpflückt
- abgeriebene Schale und Saft von 2 Zitronen

- 125 ml Bier
- 1 EL Honig
- 6 Wacholderbeeren, leicht zerdrückt
- Salz und Pfeffer

So geht's

Für die Marinade das Öl in einem Topf erhitzen und die Lorbeerblätter 1 Minute darin schwenken. Die übrigen Marinadenzutaten zugeben, aufkochen und vom Herd nehmen.

Die Schnitzel in eine große Schüssel geben, mit der Marinade übergießen und mehrmals darin wenden. Abkühlen lassen, dann die Schüssel bedecken und bis zu 8 Stunden im Kühlschrank marinieren.

Den Grill vorheizen. Die Schnitzel abtropfen lassen und die Marinade aufbewahren. Das Fleisch über mittlerer Glut 5 Minuten von jeder Seite grillen und dabei häufig mit der Marinade bestreichen. Die Apfelringe ebenfalls mit der Marinade bestreichen und 3 Minuten grillen. Die Schnitzel auf Teller verteilen, mit den Apfelringen garnieren und sofort servieren.

Rindersteak mit Pilzen

Für die Grillparty

Zutaten für 4 Personen

- 4 Rindersteaks
- Salz und Pfeffer
- 50 g Butter
- 1–2 Knoblauchzehen, zerdrückt

- 150 g gemischte Pilze, in dünne Scheiben geschnitten
- 2 EL frisch gehackte Petersilie

Zum Servieren
- Romana-Salatblätter
- halbierte Kirschtomaten

So geht's

Den Grill vorheizen. Die Steaks seitlich einschneiden, sodass sie sich füllen lassen. Von innen und außen leicht salzen und pfeffern.

Für die Füllung die Butter in einer Pfanne zerlassen, den Knoblauch zugeben und kurz andünsten. Die Pilze zufügen und 4–6 Minuten anbraten. Mit Salz und Pfeffer abschmecken, vom Herd nehmen und die Petersilie unterrühren.

Die Steaks mit den Pilzen füllen und die Öffnung mit kleinen Holzspießen verschließen.

Die Steaks über starker Glut 2 Minuten von jeder Seite grillen. Dann über mittlerer Glut weitere 4–10 Minuten von jeder Seite bis zur gewünschten Garstufe rösten.

Salatblätter und Tomaten auf 4 Teller verteilen, die Steaks darauf anrichten und die Holzspieße entfernen. Mit etwas Pfeffer bestreuen und servieren.

Gegrillte Stubenküken

Für die Grillparty

Zutaten für 4 Personen

- 4 küchenfertige
  Stubenküken
  (à 450 g)
- 8 Holzspieße,
  30 Minuten in kaltem
  Wasser eingelegt
- Pflanzenöl
  (nach Bedarf)
- Korianderstängel,
  zum Garnieren

- 4–8 gekochte
  Maiskolben,
  zum Servieren

Gewürzpaste
- 1 EL Paprikapulver
- 1 EL Senfpulver
- 1 EL gemahlener
  Kreuzkümmel
- 1 Prise Cayennepfeffer

- 1 EL Tomatenketchup
- 1 EL Zitronensaft
- Salz
- 5 EL zerlassene Butter

So geht's

Die Stubenküken auf die Brust drehen. Mit einem scharfen Messer am Rücken zu beiden Seiten der Wirbelsäule vom Schwanzende bis zur Halsöffnung einschneiden, sodass man die Wirbelsäule entfernen kann. Die Küken aufklappen, etwas flach drücken und die Flügelspitzen nach unten biegen. Einen Holzspieß durch einen Flügel, dann durch die obere Brusthälfte und durch den anderen Flügel stechen. Einen zweiten Holz-spieß durch eine Keule, dann durch die untere Brusthälfte und durch die zweite Keule stechen.

Für die Gewürzpaste alle Zutaten in einer Schüssel verrühren und die Küken damit bestreichen. In eine Schüssel legen, abdecken und bis zu 8 Stunden marinieren.

Den Grill vorheizen. Die Stubenküken über mittlerer Glut 25–30 Minu-ten unter regelmäßigem Wenden grillen und, falls sie zu trocken werden, mit etwas Öl bestreichen. Auf eine Servierplatte geben, mit Koriander garnieren und mit Maiskolben servieren.

Gefüllte Sardinen

Für die Grillparty

Zutaten für 6 Personen

- 2 EL frisch gehackte Petersilie
- 4 Knoblauchzehen, fein gehackt
- 12 küchenfertige Sardinen
- 3 EL Zitronensaft
- 80 g Mehl
- 1 TL gemahlener Kreuzkümmel
- Salz und Pfeffer
- Olivenöl, zum Beträufeln

So geht's

Petersilie und Knoblauch in einer Schale mischen. Die Sardinen unter fließend kaltem Wasser abspülen und mit Küchenpapier trocken tupfen. Einen Teil der Petersilienmischung in die Fische füllen und den Rest auf die Haut drücken. Mit dem Zitronensaft beträufeln, auf einen großen Teller legen und abdecken. 1 Stunde im Kühlschrank marinieren.

Den Grill vorheizen. Mehl, Kreuzkümmel, Salz und Pfeffer auf einem flachen Teller mischen und die Sardinen vorsichtig darin wenden.

Die Sardinen mit Olivenöl beträufeln und über mittlerer Glut etwa 4 Minuten von jeder Seite grillen. Sofort servieren.

Garnelen mit Zitrus-Salsa

Für die Grillparty

Zutaten für 6 Personen

- 36 große, ausgelöste rohe Garnelen
- 2 EL frisch gehackter Koriander, plus einige Blätter zum Garnieren
- 1 Prise Cayennepfeffer
- 3–4 EL Maiskeimöl
- Limettenspalten, zum Servieren

Zitrus-Salsa
- 1 Orange, filetiert
- 1 säuerlicher Apfel, geschält und geviertelt
- 2 frische rote Chili, entkernt und fein gehackt
- 1 Knoblauchzehe, fein gehackt
- 8 Korianderstängel
- 8 Minzestängel
- 4 EL Limettensaft
- Salz und Pfeffer

So geht's

Den Grill vorheizen. Für die Salsa alle Zutaten in einen Mixer geben und glatt pürieren.

Die Garnelen unter fließend kaltem Wasser abspülen und mit Küchenpapier trocken tupfen. Koriander, Cayennepfeffer und Öl in einer Schüssel gut verrühren und die Garnelen sorgfältig darin wenden.

Die Garnelen über mittlerer Glut 3 Minuten von jeder Seite grillen, bis sie rosa sind. Auf eine Servierplatte geben, mit Koriander garnieren und mit Limettenspalten und der Zitrus-Salsa servieren.

Fruchtige Entenbrüste

Für die Grillparty

Zutaten für 4 Personen

- 120 g getrocknete Aprikosen
- 2 Schalotten, in feine Scheiben geschnitten
- 2 EL Honig
- 1 TL Sesamöl
- 2 TL chinesisches Fünf-Gewürze-Pulver

So geht's

Den Grill vorheizen. Die Entenbrustfilets seitlich einschneiden, sodass sie sich füllen lassen. Aprikosen und Schalotten auf die 4 Entenbrüste verteilen, in die Öffnungen drücken und mit kleinen Holzspießen verschließen.

Honig und Sesamöl in einer Schale verrühren und die Entenbrustfilets damit bestreichen. Mit dem Fünf-Gewürze-Pulver bestäuben.

Die Entenbrustfilets über mittlerer Glut 6–8 Minuten von jeder Seite grillen. Die Holzspieße entfernen und sofort servieren.

Lammkoteletts

Für die Grillparty

Zutaten für 4 Personen

- 4 Lammkarree
  (ä 4 Koteletts)

Marinade
- 2 EL natives Olivenöl extra
- 1 EL Balsamico-Essig

- 1 EL Zitronensaft
- 3 EL frisch gehackter
  Rosmarin
- 1 kleine Zwiebel,
  fein gehackt
- Salz und Pfeffer

So geht's

Für die Marinade alle Zutaten in einer großen Schüssel verrühren. Die Lammkarree zugeben und gut in der Marinade wenden. Abdecken und 1 Stunde im Kühlschrank marinieren.

Den Grill vorheizen. Die Lammkarree abtropfen und die Marinade aufbewahren. Über mittlerer Glut 10 Minuten von jeder Seite grillen und dabei regelmäßig mit der Marinade bestreichen. Sofort servieren.

Gefüllte Tomaten

Für die Grillparty

Zutaten für 4 Personen

- 1 EL Olivenöl
- 2 EL Sonnenblumenkerne
- 1 Zwiebel, fein gehackt
- 1 Knoblauchzehe, fein gehackt

- 500 g Spinat, geputzt und zerzupft
- 1 Prise frisch geriebene Muskatnuss
- Salz und Pfeffer

- 4 große Fleischtomaten
- 150 g Mozzarella, klein gewürfelt

So geht's

Den Grill vorheizen. Das Öl in einem Topf mit Deckel erhitzen und die Sonnenblumenkerne kurz darin anrösten. Die Hitze reduzieren, die Zwiebel zugeben und weich dünsten. Knoblauch und Spinat zufügen, den Topf bedecken und 3 Minuten dünsten, bis der Spinat zusammengefallen ist. Vom Herd nehmen und mit Muskat, Salz und Pfeffer abschmecken. Abkühlen lassen.

Von den Tomaten mit einem scharfen Messer oben einen kleinen Deckel abschneiden und die Tomaten mit einem Teelöffel vorsichtig aushöhlen. Das Tomatenfleisch hacken und zusammen mit dem Mozzarella unter den Spinat rühren.

Die Tomaten mit der Spinatmischung füllen und den Deckel wieder daraufsetzen. 4 große Quadrate Alufolie zurechtschneiden, die Tomaten in die Mitte setzen und die Alufolie fest um die Tomaten schließen. Über starker Glut 10 Minuten unter gelegentlichem Wenden grillen. In der Folie servieren.

Gefüllte Champignons

Für die Grillparty

Zutaten für 12 Stück

- 12 große Champignons, geputzt
- 4 TL Olivenöl
- 4 Frühlingszwiebeln, gehackt
- 100 g frische Vollkorn-semmelbrösel
- 1 TL frisch gehackter Oregano
- 100 g Feta, zerkrümelt oder Chorizo,
- gehäutet und fein gehackt
- Sonnenblumenöl, zum Bestreichen

So geht's

Den Grill vorheizen. Die Champignonstiele abschneiden und fein hacken. Die Hälfte des Olivenöls in einer großen Pfanne erhitzen und Pilzstiele und Frühlingszwiebeln kurz darin andünsten. In eine Schüssel geben und mit Semmelbröseln und Oregano vermengen.

Feta oder Chorizo unter die Semmelbröselmasse mischen und die Pilzkappen damit füllen.

Die gefüllten Pilze mit dem restlichen Olivenöl beträufeln. Den Rost mit etwas Öl bestreichen und die Champignons über mittlerer Glut 8–10 Minuten grillen. Auf Teller verteilen und servieren.

Karibische Schweinekoteletts

Für die Grillparty

Zutaten für 4 Personen

- 4 EL dunkler Muskovado-Zucker
- 4 EL Orangen- oder Ananassaft
- 2 EL Jamaika-Rum
- 1 EL Kokosraspel
- ½ TL gemahlener Zimt
- 4 Schweinekoteletts

- gemischter Blattsalat, zum Servieren

Kokosreis
- 250 g Basmati-Reis
- 450 ml Wasser
- 150 ml Kokosmilch
- 4 EL Rosinen

- 4 EL geröstete Erdnüsse oder Cashewkerne
- Salz und Pfeffer
- 2 EL geröstete Kokosraspel

So geht's

Zucker, Saft, Rum, Kokosraspel und Zimt in einer großen Schale verrühren, bis sich der Zucker aufgelöst hat. Die Koteletts zugeben und mehrmals darin wenden. Die Schüssel abdecken und 2 Stunden im Kühlschrank marinieren.

Den Grill vorheizen. Die Koteletts abtropfen lassen und die Marinade aufbewahren. Über starker Glut 15–20 Minuten unter regelmäßigem Wenden grillen. Dabei mit der Marinade bestreichen.

Für den Kokosreis den Reis, Wasser und Kokosmilch in einen Topf geben und langsam zum Kochen bringen. Die Hitze reduzieren und 12 Minuten köcheln lassen, bis der Reis gar ist und die Flüssigkeit aufgesogen hat. Mit einer Gabel auflockern.

Rosinen und Nüsse unter den Reis heben und mit Salz und Pfeffer abschmecken. Mit den Kokosraspeln bestreuen. Die Koteletts auf 4 Teller verteilen, mit Salatblättern garnieren und mit dem Kokosreis servieren.

Für die Grillparty

Zutaten für 4 Personen

- 4 EL frisch gehackte Brunnenkresse, plus einige Stängel zum Garnieren
- 80 g weiche Butter
- 4 Filetsteaks vom Rind (à 250 g)
- 4 TL Tabasco-Sauce
- Salz und Pfeffer

So geht's

Den Grill vorheizen. Butter und Kresse in eine Schüssel geben und gut vermengen. Die Schüssel abdecken und bis zum Gebrauch kalt stellen.

Die Steaks mit je 1 Teelöffel Tabasco beträufeln und mit Salz und Pfeffer würzen.

Die Steaks über starker Glut je nach gewünschter Garstufe von jeder Seite 2–6 Minuten grillen. Auf 4 Teller verteilen und etwas Kressebutter daraufgeben. Mit Brunnenkresse garnieren und sofort servieren.

Seeteufel mit Zitrusfrüchten

Für die Grillparty

Zutaten für 8 Personen

- 2 Orangen
- 2 Zitronen
- 8 Seeteufelfilets
  ohne Haut (à 180 g)

- 8 Zweige
  Zitronenthymian
- 2 EL Olivenöl
- Salz

- 2 EL grüne Pfeffer-
  körner, leicht
  zerdrückt

So geht's

Von den Orangen und Zitronen jeweils 8 dünne Scheiben abschneiden
und den Rest auspressen. Die Fischfilets unter fließend kaltem Wasser
abspülen und mit Küchenpapier trocken tupfen. Auf jedes Filet jeweils
eine Zitronen- und Orangenscheibe sowie einen Thymianzweig legen.
Die Filets vorsichtig zusammenklappen, mit Küchengarn binden und auf
einen großen Teller legen.

Zitrussaft und Olivenöl in einer Schüssel verrühren. Mit Salz würzen
und über den Fisch träufeln. Abdecken und bis zu 1 Stunde im Kühlschrank marinieren. Dabei ein- bis zweimal wenden.

Den Grill vorheizen. Die Seeteufelfilets abtropfen und die Marinade
aufbewahren. Den grünen Pfeffer auf die Filets streuen und leicht
andrücken. Über mittlerer Glut 20–25 Minuten grillen, dabei vorsichtig
wenden und häufig mit der Marinade bestreichen. Die Filets auf ein
Schneidebrett legen und das Küchengarn entfernen. Sofort servieren.

Austern mit Speck

Für die Grillparty

Zutaten für 6 Personen

- 36 frische Austern
- 1 EL Paprikapulver
- 1 TL Cayennepfeffer
- 18 Scheiben durchwachsener Frühstücksspeck, halbiert
- 6 Holzspieße, etwa 30 Minuten in kaltem Wasser eingeweicht

Sauce
- 1 frischer roter Chili, entkernt und fein gehackt
- 1 Knoblauchzehe, fein gehackt
- 1 Schalotte, fein gehackt
- 2 EL frisch gehackte Petersilie
- 2 EL Zitronensaft
- Salz und Pfeffer

So geht's

Den Grill vorheizen. Die Austern öffnen und auslösen. Dabei über einer Schüssel arbeiten, um den austretenden Saft aufzufangen.

Für die Sauce alle Zutaten zu dem Austernsaft in die Schüssel geben und gut verrühren.

Die Austern mit Paprikapulver und Cayennepfeffer bestäuben und mit jeweils einer halben Scheibe Speck umwickeln. Je 6 Austern auf 1 Holzspieß stecken.

Über starker Glut 5 Minuten unter häufigem Wenden grillen, bis der Speck goldbraun und knusprig ist. Auf Tellern anrichten und mit der Sauce servieren.

Zucchini-Feta-Fächer

Für die Grillparty

Zutaten für 2 Personen

- 1 EL Olivenöl, plus etwas mehr zum Bestreichen
- 2 große Zucchini
- 120 g Feta, in dünne Scheiben geschnitten
- 1 EL frisch gehackte Minze
- grob gemahlener Pfeffer

So geht's

Den Grill vorheizen. 2 große Rechtecke Alufolie leicht mit Olivenöl einpinseln.

Die Zucchini bis 1 cm vor den Stielansatz mehrmals einschneiden und auf die Folien legen.

Die Feta-Scheiben in die Zwischenräume der Zucchini stecken. Mit dem Olivenöl beträufeln, mit der Minze bestreuen und mit Pfeffer würzen. Die Zucchini sorgfältig in die Alufolie einschlagen und 30–40 Minuten in der Glut garen. Anschließend die Zucchini vorsichtig auswickeln und sofort servieren.

Burger

Bohnen-Burger

Burger

Zutaten für 4–6 Personen

- 300 g Cannellini-Bohnen aus der Dose, abgespült und abgetropft
- 300 g Schwarzaugenbohnen aus der Dose, abgespült und abgetropft
- 300 g Kidney-Bohnen aus der Dose, abgespült und abgetropft
- 1 frischer roter Chili, entkernt
- 4 Schalotten, geviertelt

- 2 Selleriestangen, grob gehackt
- 50 g frische Vollkornsemmelbrösel
- 1 EL frisch gehackter Koriander
- Salz und Pfeffer
- 2 EL Vollkornmehl
- 2 EL Sonnenblumenöl
- 4–6 Hamburger-Brötchen, zum Servieren

Grüne Mayonnaise

- 6 EL Mayonnaise
- 2 EL frisch gehackte Petersilie oder Minze
- 1 EL gehackte Salatgurke
- 3 Frühlingszwiebeln, fein gehackt

So geht's

Bohnen, Chili, Schalotten, Sellerie, Semmelbrösel, Koriander, Salz und Pfeffer im Mixer grob zerkleinern. Aus der Masse 4–6 große, flache Frikadellen formen. Leicht im Mehl wenden, auf einen Teller legen und abdecken. Im Kühlschrank 1 Stunde ziehen lassen.

Für die grüne Mayonnaise alle Zutaten in einer Schüssel verrühren. Abdecken und kalt stellen.

Den Grill vorheizen. Die Frikadellen mit dem Öl bestreichen und über starker Glut von jeder Seite 5 Minuten grillen. Beide Hälften der Hamburger-Brötchen mit der Mayonnaise bestreichen, die Frikadellen hineingeben und servieren.

Chili-Burger

Burger

Zutaten für 4 Personen

- 650 g Rinderhackfleisch
- 1 rote Paprika,
  sehr klein gewürfelt
- 1 Knoblauchzehe,
  fein gehackt
- 2 frische rote Chili,
- entkernt und fein
  gehackt
- 1 EL frisch gehacktes
  Basilikum
- ½ TL gemahlener
  Kreuzkümmel
- Salz und Pfeffer
- 4 Hamburger-
  Brötchen, zum
  Servieren
- Basilikumblätter,
  zum Garnieren

So geht's

Hackfleisch, Paprika, Knoblauch, Chili, Basilikum und Kreuzkümmel
in einer Schüssel sorgfältig vermengen. Mit Salz und Pfeffer würzen.
Aus der Masse 4 große, flache Frikadellen formen.

Den Grill vorheizen. Die Frikadellen über starker Glut 5–8 Minuten von
jeder Seite grillen und in die Hamburger-Brötchen geben. Mit Basilikum
garnieren und servieren.

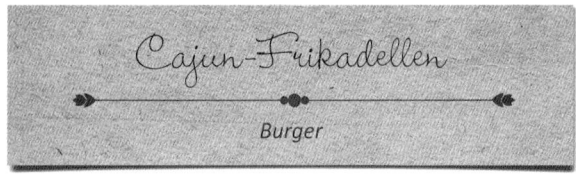

Zutaten für 4–6 Personen

- 250 g Süßkartoffeln, in Stücke geschnitten
- Salz und Pfeffer
- 500 g Schweinehackfleisch

- 1 Apfel, geschält und gerieben
- 2 TL Cajun-Gewürzmischung
- 500 g Zwiebeln

- 1 EL frisch gehackter Koriander
- 2 EL Sonnenblumenöl
- 8–12 Scheiben Frühstücksspeck

So geht's

Die Süßkartoffeln in einem Topf mit Salzwasser 15–20 Minuten gar kochen. Abgießen, abtropfen lassen und zerstampfen.

Hackfleisch, Süßkartoffeln, Apfel und Cajun-Gewürz in einer Schüssel vermengen. Eine Zwiebel reiben und mit dem Koriander zur Hackfleischmasse geben und vermischen. Mit Salz und Pfeffer würzen. Aus der Masse 4–6 große, flache Frikadellen formen. Auf einen großen Teller geben, abdecken und 1 Stunde im Kühlschrank ziehen lassen.

Den Grill vorheizen. Die restlichen Zwiebeln in Ringe schneiden. 1 Esslöffel Öl in einer Pfanne erhitzen und die Zwiebelringe darin weich dünsten.

Jede Frikadelle mit 2 Speckscheiben über Kreuz umwickeln. Mit dem restlichen Öl bestreichen und über starker Glut 4–5 Minuten von jeder Seite grillen, bis sie durchgegart sind. Mit den Zwiebeln servieren.

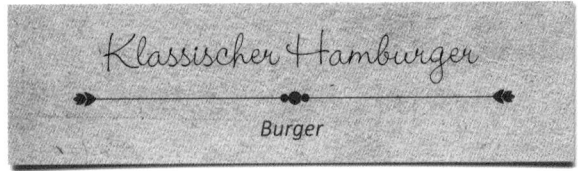

Klassischer Hamburger

Burger

Zutaten für 4–6 Personen

- 500 g Rumpsteak oder Roastbeef, durch den Fleischwolf gedreht
- 1 Zwiebel, geraspelt
- 2–4 Knoblauchzehen, zerdrückt
- 2 TL körniger Senf
- Pfeffer
- 2 EL Olivenöl
- 450 g Zwiebeln, in feine Ringe geschnitten
- 2 TL heller Muskovado-Zucker
- 4–6 Hamburger-Brötchen mit Sesam, zum Servieren

So geht's

Das Hackfleisch mit Zwiebel, Knoblauch, Senf und Pfeffer in einer Schüssel vermengen. Aus der Masse 4–6 große, flache Frikadellen formen und auf einen großen Teller legen. Abdecken und 30 Minuten im Kühlschrank ziehen lassen.

Das Öl in einer Pfanne erhitzen und die Zwiebelringe darin weich dünsten. Den Zucker darüberstreuen und weitergaren, bis sie karamellisiert und knusprig sind. Auf Küchenpapier abtropfen lassen und warm halten.

Den Grill vorheizen. Die Frikadellen über starker Glut 3–5 Minuten von jeder Seite grillen und zusammen mit den Zwiebelringen in die Hamburger-Brötchen geben. Sofort servieren.

Klassischer Chicken-Burger

Burger

Zutaten für 4 Personen

- 4 große Hähnchen-
  brustfilets
- 1 großes Eiweiß
- 1 EL Speisestärke
- 1 EL Mehl
- 1 Ei, verquirlt

- 50 g frische Semmel-
  brösel
- 2 EL Sonnenblumenöl
- 2 Fleischtomaten,
  in Scheiben
  geschnitten

Zum Servieren
- Salatblätter
- 4 Hamburger-
  Brötchen
- Mayonnaise

So geht's

Die Hähnchenbrustfilets zwischen 2 Stücke Backpapier legen und mit einem Teigroller leicht plattieren. Eiweiß und Speisestärke miteinander verquirlen und die Filets damit bestreichen. Auf einen Teller legen, abdecken und im Kühlschrank 30 Minuten ziehen lassen.

Mehl, Ei und Semmelbrösel jeweils auf tiefe Teller geben. Die Filets erst im Mehl, dann im Ei und abschließend in den Semmelbröseln wenden.

Den Grill vorheizen. Die Filets mit etwas Öl bestreichen und über mittlerer Glut 6–8 Minuten von jeder Seite grillen, bis sie durchgegart sind. Die Tomatenscheiben 2 Minuten grillen. Den Salat auf die untere Hälfte der Hamburger-Brötchen geben, Hähnchenbrustfilets und Tomaten darauflegen, mit etwas Mayonnaise bestreichen und mit der oberen Brötchenhälfte abschließen. Sofort servieren.

Klassischer Veggie-Burger

Burger

Zutaten für 4–6 Personen

- 80 g brauner Reis
- Salz und Pfeffer
- 400 g Flageolet-Bohnen aus der Dose, abgespült und abgetropft
- 120 g ungesalzene Cashewkerne
- 3 Knoblauchzehen
- 1 rote Zwiebel, in Spalten geschnitten

- 120 g Gemüsemais aus der Dose, abgespült und abgetropft
- 2 EL Tomatenmark
- 1 EL frisch gehackter Oregano
- 2 EL Vollkornmehl
- 2 EL Sonnenblumenöl

Zum Servieren
- Kopfsalatblätter
- 4–6 Hamburger-Brötchen
- Tomatenscheiben
- Käsescheiben

So geht's

Den Reis in einem Topf mit Salzwasser 20 Minuten kochen, bis er gar ist. Abgießen und abtropfen lassen.

Reis, Bohnen, Cashewkerne, Knoblauch, Zwiebel, Mais, Tomatenmark, Oregano sowie Salz und Pfeffer im Mixer grob zerkleinern. Aus der Masse 4–6 große, flache Frikadellen formen und im Mehl wenden. Auf einen Teller legen, abdecken und 1 Stunde im Kühlschrank ziehen lassen.

Den Grill vorheizen. Die Frikadellen mit dem Öl bestreichen und über mittlerer Glut von jeder Seite 5–6 Minuten grillen. Salatblätter auf die untere Hälfte der Hamburger-Brötchen geben, Tomaten, Käsescheiben und Frikadellen daraufsetzen und mit der oberen Brötchenhälfte abschließen.

Glasierte Geflügel-Burger

Burger

Zutaten für 4 Personen

- 2 Maiskolben mit Blättern
- 500 g Putenfleisch, durch den Fleischwolf gedreht
- 1 rote Paprika, gehäutet und klein gewürfelt
- 6 Frühlingszwiebeln, fein gehackt

- 50 g frische Semmelbrösel
- 2 EL frisch gehacktes Basilikum
- Salz und Pfeffer
- 1 EL Sonnenblumenöl
- 2 EL Ahornsirup

Zum Servieren
- Rucola
- 4 Hamburger-Brötchen
- Tomatenscheiben

So geht's

Eine Grillpfanne stark erhitzen. Die Maiskolben hineingeben und bei starker Hitze 10 Minuten garen, dabei alle 2 Minuten drehen, bis die Blätter schwarz werden. Aus der Pfanne nehmen und abkühlen lassen. Die Blätter und Fäden abziehen. Die Körner mit einem scharfen Messer vom Kolben schneiden.

Die Maiskörner mit Hackfleisch, Paprika, Frühlingszwiebeln, Semmelbröseln und Basilikum in einer großen Schüssel vermengen. Mit Salz und Pfeffer würzen und aus der Masse 4 große, flache Frikadellen formen. Auf einen Teller legen, abdecken und 1 Stunde im Kühlschrank ziehen lassen.

Den Grill vorheizen. Die Frikadellen mit Öl und Ahornsirup bestreichen und über starker Glut 4 Minuten von jeder Seite grillen, bis sie durchgegart sind. Rucola auf die untere Hälfte der Hamburger-Brötchen geben, die Frikadellen und Tomaten darauflegen und mit der oberen Brötchenhälfte abschließen. Sofort servieren.

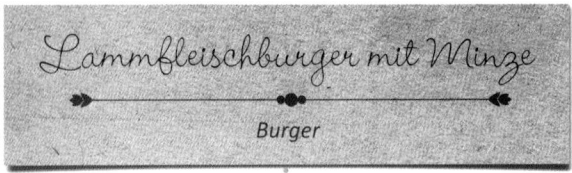

Lammfleischburger mit Minze

Burger

Zutaten für 4–6 Personen

- 2 EL Olivenöl
- 1 rote Paprika, geviertelt
- 1 gelbe Paprika, geviertelt
- 1 rote Zwiebel, in dicke Spalten geschnitten
- 1 kleine Aubergine, in dicke Scheiben geschnitten

- 500 g Lammhackfleisch
- 2 EL frisch geriebener Parmesan
- 1 EL frisch gehackte Minze
- Salz und Pfeffer

Minze-Mayonnaise
- 4 EL Mayonnaise
- 1 TL Dijon-Senf
- 1 EL frisch gehackte Minze

Zum Servieren
- in feine Streifen geschnittener Eisbergsalat
- 4–6 Hamburger-Brötchen
- gegrilltes Gemüse, z. B. Paprika und Kirschtomaten

So geht's

Den Grill vorheizen. Ein großes Stück Alufolie großzügig mit etwas von Öl einpinseln, Paprika, Zwiebel und Aubergine daraufgeben und auf den Grill legen. 10–12 Minuten grillen, etwas abkühlen lassen und die Paprika häuten. Das Gemüse in den Mixer geben und grob pürieren.

Hackfleisch, Parmesan, Minze, Salz und Pfeffer zugeben und noch einmal kurz mixen. Aus der Masse 4–6 große, flache Frikadellen formen. Auf einen großen Teller legen, abdecken und 30 Minuten im Kühlschrank ziehen lassen.

Für die Minze-Mayonnaise alle Zutaten in einer Schüssel verrühren und kalt stellen.

Den Grill vorheizen. Die Frikadellen mit dem restlichen Öl bestreichen und über starker Glut 3–4 Minuten von jeder Seite grillen. Den Salat auf die unteren Brötchenhälften verteilen, die Frikadellen daraufsetzen und mit der Mayonnaise bestreichen. Mit den oberen Brötchenhälften bedecken und mit buntem Grillgemüse servieren.

Burger mit Orangenmarinade

Burger

Zutaten für 4–6 Personen

- 500 g Schweinefilet, in Stücke geschnitten
- 3 EL Bitterorangenmarmelade
- 2 EL Orangensaft
- 1 EL Balsamico-Essig
- 250 g Pastinaken, in Stücke geschnitten
- 1 EL fein abgeriebene Orangenschale
- 2 Knoblauchzehen, zerdrückt
- 6 Frühlingszwiebeln, fein gehackt
- 1 Zucchini (etwa 175 g), gerieben
- Salz und Pfeffer
- Sonnenblumenöl, zum Bestreichen

Zum Servieren
- Kopfsalatblätter
- 4–6 Hamburger-Brötchen

So geht's

Die Fleischstücke in eine Schüssel geben. Marmelade, Orangensaft und Essig in einen Topf geben und unter Rühren erhitzen, bis sich die Marmelade aufgelöst hat. Über das Fleisch gießen und vermengen. Die Schüssel abdecken und 30 Minuten marinieren. Das Fleisch gut abtropfen lassen und die Marinade aufbewahren. Dann das Fleisch durch den Fleischwolf drehen oder fein hacken.

Die Pastinaken in kochendem Salzwasser 15–20 Minuten weich garen. Abgießen, abtropfen lassen und zerstampfen. Mit dem Hackfleisch in einer Schüssel vermengen. Orangenschale, Knoblauch, Frühlings-zwiebeln und Zucchini zugeben, mit Salz und Pfeffer würzen und noch-mals vermengen. Aus der Masse 4–6 große, flache Frikadellen formen. Auf einen Teller legen, abdecken und 30 Minuten im Kühlschrank ziehen lassen.

Den Grill vorheizen. Die Frikadellen mit etwas Öl bestreichen und über mittlerer Glut 4–6 Minuten von jeder Seite grillen, bis sie durchgegart sind. Die zurückbehaltene Marinade in einem Topf 5 Minuten einkochen und in eine Schüssel füllen. Die Frikadellen mit den Salatblättern in die Brötchen geben und mit der Sauce servieren.

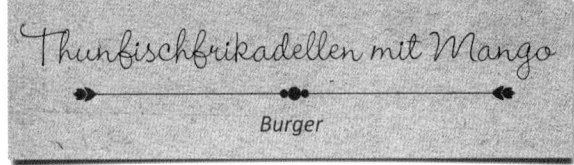

Thunfischfrikadellen mit Mango

Burger

Zutaten für 4–6 Personen

- 250 g Süßkartoffeln, in Stücke geschnitten
- Salz
- 500 g Thunfischsteaks
- 6 Frühlingszwiebeln, fein gehackt
- 175 g Zucchini, geraspelt
- 1 frischer roter Jalapeño-Chili, entkernt und fein gehackt

- 2 EL Mango-Chutney aus dem Glas
- 1 EL Sonnenblumenöl
- Romana-Salatblätter, zum Servieren

Mango-Salsa
- 1 große vollreife Mango, in dünne Spalten geschnitten

- 2 vollreife Tomaten, klein gewürfelt
- 1 frischer roter Jalapeño-Chili, entkernt und fein gehackt
- 4-cm-Stück Salatgurke, klein gewürfelt
- 1 EL frisch gehackter Koriander
- 1–2 TL Honig

So geht's

Die Süßkartoffeln in einem Topf mit Salzwasser 15–20 Minuten gar kochen. Abgießen und abtropfen lassen. Den Thunfisch in Stücke schneiden. Süßkartoffeln und Thunfisch mit Frühlingszwiebeln, Zucchini, Chili und Chutney im Mixer grob zerkleinern. Aus der Masse 4–6 große, flache Frikadellen formen. Auf einen Teller legen, abdecken und 1 Stunde im Kühlschrank ziehen lassen.

Von der Mango 12 Spalten zurückbehalten und den Rest klein hacken. Für die Salsa alle Zutaten in einer Schüssel verrühren, abdecken und 30 Minuten kalt stellen.

Den Grill vorheizen. Die Frikadellen mit dem Öl bestreichen und über starker Glut von jeder Seite 4–6 Minuten grillen. Salatblätter und Mangospalten auf Teller verteilen, die Frikadellen darauf anrichten und etwas Mango-Salsa darübergeben. Sofort servieren.

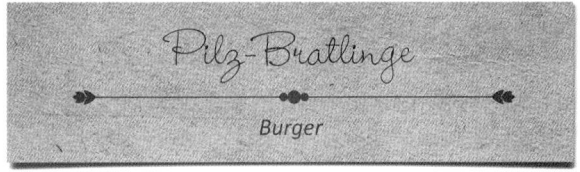

Pilz-Bratlinge

Burger

Zutaten für 4 Personen

- 2 TL Sonnenblumenöl, plus etwas mehr zum Einfetten
- 120 g gemischte Pilze, fein gehackt
- 1 Zwiebel, fein gehackt
- 1 Karotte, geraspelt
- 1 Zucchini, geraspelt
- 25 g Erdnüsse
- 120 g frische Semmelbrösel
- 1 EL frisch gehackte Petersilie
- 1 TL Hefeextrakt
- Salz und Pfeffer
- 1 EL Mehl, zum Bestäuben

So geht's

Das Öl in einer Pfanne erhitzen und die Pilze darin 8 Minuten andünsten. Vom Herd nehmen und in eine Schüssel füllen.

Zwiebel, Karotte, Zucchini und Erdnüsse in den Mixer geben und grob zerkleinern. Zusammen mit Semmelbröseln, Petersilie und Hefeextrakt zu den Pilzen geben und gut vermengen. Mit Salz und Pfeffer abschmecken. Mit leicht bemehlten Händen aus der Masse 4 große Bratlinge formen. Auf einen großen Teller legen, abdecken und mindestens 1 Stunde im Kühlschrank ziehen lassen.

Den Grill vorheizen. Die Bratlinge mit Öl bestreichen und über starker Glut 8–10 Minuten grillen. Sofort servieren.

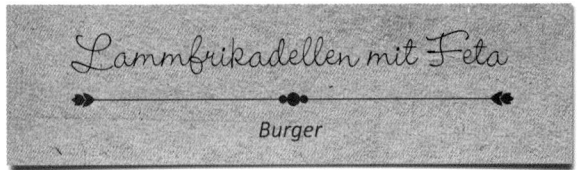

Lammfrikadellen mit Feta

Burger

Zutaten für 4–6 Personen

- 500 g Lammhackfleisch
- 250 g Feta, zerkrümelt
- 2 Knoblauchzehen, zerdrückt
- 6 Frühlingszwiebeln, fein gehackt
- 80 g Backpflaumen, gehackt
- 25 g geröstete Pinienkerne
- 50 g frische Vollkorn-semmelbrösel
- 1 EL frisch gehackter Rosmarin
- Salz und Pfeffer
- 1 EL Sonnenblumenöl

So geht's

Hackfleisch, Feta, Knoblauch, Frühlingszwiebeln, Backpflaumen, Pinien-kerne, Semmelbrösel, Rosmarin, Salz und Pfeffer in eine Schüssel geben und sorgfältig vermengen.

Aus der Masse 4–6 große, flache Frikadellen formen. Auf einen großen Teller legen, abdecken und 30 Minuten im Kühlschrank ziehen lassen.

Den Grill vorheizen. Die Frikadellen mit dem Öl bestreichen und über starker Glut 4 Minuten von jeder Seite grillen. Sofort servieren.

Fisch-Burger

Burger

Zutaten für 4 Personen

- 150 g Kartoffeln, in Stücke geschnitten
- Salz und Pfeffer
- 250 g Kabeljaufilet
- 250 g geräucherter Schellfisch
- 1 EL abgeriebene Zitronenschale
- 1 EL frisch gehackte Petersilie
- 1–2 EL Mehl
- 1 Ei, verquirlt
- 80 g frische Semmelbrösel
- 2 EL Sonnenblumenöl
- 4 Hamburger-Brötchen, zum Servieren

So geht's

Die Kartoffeln in einem Topf mit Salzwasser 15–20 Minuten gar kochen. Abgießen, abtropfen lassen und zerstampfen. Kabeljau und Schellfisch in Stücke schneiden und mit Kartoffeln, Zitronenschale, Petersilie, Salz und Pfeffer im Mixer grob zerkleinern. Aus der Masse 4 große, flache Frikadellen formen und im Mehl wenden. Auf einen Teller legen, abdecken und 30 Minuten im Kühlschrank ziehen lassen.

Ei und Semmelbrösel jeweils auf tiefe Teller geben und die Fischfrikadellen erst im Ei, dann in den Semmelbröseln wenden. Weitere 30 Minuten im Kühlschrank ruhen lassen.

Den Grill vorheizen. Die Frikadellen mit dem Öl bestreichen und über starker Glut von jeder Seite 5 Minuten goldbraun grillen. Die Hamburger-Brötchen kurz auf dem Grill rösten, die Frikadellen hineinlegen und servieren.

Spieße

Surf-'n'-Turf-Spieße

Spieße

Zutaten für 2 Personen

- Olivenöl, zum Einfetten
- 250 g Filetsteak (2,5 cm dick), in 2,5 cm große Würfel geschnitten
- 8 große, ausgelöste rohe Garnelen
- Salz und Pfeffer

- 4 EL Butter
- 2 Knoblauchzehen, zerdrückt
- 3 EL frisch gehackte Petersilie, plus etwas mehr zum Garnieren

- fein abgeriebene Schale und Saft von 1 Limette

Zum Servieren
- Limettenspalten
- frisches Baguette

So geht's

2 Metallspieße etwas einölen und Fleischwürfel und Garnelen abwechselnd daraufstecken. Mit Salz und Pfeffer würzen.

Den Grill vorheizen. Butter und Knoblauch in einen Topf geben und zerlassen. Den Topf vom Herd nehmen und mit Petersilie, Limettenschale und -saft sowie Salz und Pfeffer verrühren.

Den Grillrost etwas einölen, die Spieße mit der Buttermischung bestreichen und bei starker Glut 4–8 Minuten unter häufigem Wenden grillen, bis das Fleisch die gewünschte Garstufe erreicht hat. Dabei regelmäßig mit der Buttermischung bestreichen.

Die Spieße auf Teller verteilen und mit der restlichen Buttermischung übergießen. Mit Petersilie garnieren und mit Limettenspalten und frischem Baguette servieren.

Kokos-Garnelen-Spieße

Spieße

Zutaten für 4 Personen

- 650 g große, ausgelöste rohe Garnelen
- Zitronenspalten, zum Garnieren

Marinade
- 6 Frühlingszwiebeln, fein gehackt
- 400 ml Kokosmilch
- fein abgeriebene Schale und Saft von 1 Limette
- 4 EL frisch gehackter Koriander, plus etwas mehr zum Garnieren
- 2 EL Maiskeim- oder Sonnenblumenöl
- Salz und Pfeffer

So geht's

Für die Marinade alle Zutaten in einer großen Schüssel verrühren. Die Garnelen zugeben und in der Marinade wenden. Abdecken und 1 Stunde im Kühlschrank marinieren.

Den Grill vorheizen. Die Garnelen abtropfen lassen und die Marinade aufbewahren. Die Garnelen auf lange Metallspieße stecken.

Die Spieße über mittlerer Glut 8 Minuten unter häufigem Wenden grillen, bis die Garnelen rosa sind. Dabei mit der Marinade bestreichen. Die Spieße auf 4 Teller verteilen, mit Zitronenspalten garnieren, mit Koriander bestreuen und sofort servieren.

Gemüsespieße mit Tofu

Spieße

Zutaten für 4 Personen

- 350 g schnittfester Tofu, in 2,5 cm große Würfel geschnitten
- 1 rote Paprika, in 2,5 cm große Stücke geschnitten
- 1 gelbe Paprika, in 2,5 cm große Stücke geschnitten
- Salz
- 2 Zucchini, in dünne Scheiben geschnitten

- 8 kleine Champignons
- 4 lange Holzspieße, 30 Minuten in kaltem Wasser eingeweicht

Marinade
- abgeriebene Schale und Saft von 1/2 Zitrone
- 1 Knoblauchzehe, zerdrückt
- 1/2 TL frisch gehackter Rosmarin

- 1/2 TL frisch gehackter Thymian
- 1 EL Walnussöl

Zum Garnieren
- Karotte, geraspelt
- Zitronenspalten

So geht's

Für die Marinade alle Zutaten in einer großen Schüssel verrühren. Den Tofu zugeben, gut vermengen und 20–30 Minuten marinieren.

Den Grill vorheizen. Die Paprika in einen Topf mit kochendem Salzwasser geben und 4 Minuten kochen. Abgießen, unter fließend kaltem Wasser abschrecken und abtropfen lassen.

Den Tofu abtropfen lassen und die Marinade aufbewahren. Tofu und Gemüse abwechselnd auf die Holzspieße stecken.

Die Spieße über mittlerer Glut 6 Minuten unter häufigem Wenden grillen. Dabei mit der Marinade bestreichen. Auf einen Servierteller geben, mit Karottenraspeln und Zitronenspalten garnieren und sofort servieren.

Hackbällchen-Spieße mit Salbei

Spieße

Zutaten für 4 Personen

- 500 g Schweinehack-fleisch
- 25 g frische Semmel-brösel
- 1 kleine Zwiebel, sehr fein gehackt
- 1 EL frisch gehackter Salbei
- 2 EL Apfelmus

- ¼ TL frisch geriebene Muskatnuss
- Salz und Pfeffer
- 4–8 Holzspieße, 30 Minuten in kaltem Wasser eingeweicht

Zum Bestreichen
- 3 EL Olivenöl
- 1 EL Zitronensaft

Zum Servieren
- gemischte Salat-blätter
- 4 Pita-Brote
- 4 EL Naturjoghurt

So geht's

Hackfleisch, Semmelbrösel, Zwiebel, Salbei, Apfelmus, Muskat, Salz und Pfeffer in eine Schüssel geben und sorgfältig vermengen.

Aus der Masse walnussgroße Kugeln formen. Auf einen Teller legen, abdecken und 30 Minuten im Kühlschrank ziehen lassen.

Die Hackbällchen mit etwas Abstand auf die Holzspieße stecken. Oliven-öl und Zitronensaft in einer Schüssel verrühren.

Die Spieße über starker Glut 8–10 Minuten unter häufigem Wenden goldbraun grillen. Dabei mit dem Zitronenöl bestreichen.

Die Salatblätter auf die Pita-Brote verteilen. Jeweils 1 Esslöffel Joghurt und 1–2 Spieße daraufgeben und servieren.

Teriyaki-Rind

Spieße

Zutaten für 4 Personen

- 500 g Rindersteak, in dünne Streifen geschnitten
- 1 gelbe Paprika, in Stücke geschnitten
- 8 Frühlingszwiebeln, in kurze Stücke geschnitten

- 8 Holzspieße, 30 Minuten in kaltem Wasser eingeweicht
- Romana-Salatblätter, zum Garnieren

Sauce
- 1 TL Speisestärke
- 2 EL trockener Sherry

- 2 EL Weißweinessig
- 3 EL Sojasauce
- 1 EL dunkler Muskovado-Zucker
- 1 Knoblauchzehe, zerdrückt
- ½ TL gemahlener Zimt
- ½ TL gemahlener Ingwer

So geht's

Für die Sauce alle Zutaten in eine große Schüssel geben und verrühren. Das Fleisch zugeben und gut darin wenden. Die Schüssel abdecken und im Kühlschrank 2 Stunden marinieren.

Den Grill vorheizen. Das Fleisch abtropfen lassen. Die Marinade in einen kleinen Topf gießen und 5 Minuten einkochen lassen.

Die Fleischstreifen s-förmig abwechselnd mit Paprika- und Frühlingszwiebelstücken auf die Holzspieße stecken. Die Spieße über starker Glut 5–8 Minuten unter gelegentlichem Wenden grillen. Dabei mit der Marinade bestreichen.

Salatblätter auf Teller verteilen. Die Spieße darauf anrichten und mit der restlichen Marinade übergießen. Sofort servieren.

Hähnchen-Satay
Spieße

Zutaten für 4 Personen

- 4 Hähnchenbrustfilets (à 175 g), in 2,5 cm große Würfel geschnitten
- 8 Holzspieße, 30 Minuten in kaltem Wasser eingeweicht

Marinade
- 8 EL Erdnusscreme mit Stückchen
- 1 Zwiebel, grob gehackt
- 1 Knoblauchzehe, grob gehackt
- 2 EL schnittfeste Kokoscreme

- 4 EL Erdnussöl
- 1 TL helle Sojasauce
- 2 EL Limettensaft
- 2 frische rote Chili, entkernt und gehackt
- 3 Kaffir-Limetten-blätter, zerpflückt

So geht's

Für die Marinade alle Zutaten in den Mixer geben, glatt pürieren und in eine große Schüssel füllen.

Die Fleischwürfel zugeben und sorgfältig vermengen. Abdecken und bis zu 8 Stunden im Kühlschrank marinieren.

Den Grill vorheizen. Das Fleisch aus der Marinade heben und diese aufbewahren. Die Fleischwürfel auf die Holzspieße stecken und über mittlerer Glut 10 Minuten unter häufigem Wenden grillen. Dabei mit der Marinade bestreichen. Auf einer Servierplatte anrichten und sofort servieren.

Zutaten für 4 Personen

- 300 ml herber Cidre
- 1 EL frisch gehackter Salbei
- 6 schwarze Pfefferkörner, zerdrückt
- 500 g Schweinefilet, in 2,5 cm große Würfel geschnitten
- 2 Kochäpfel, in Spalten geschnitten
- 1 EL Sonnenblumenöl, plus etwas mehr zum Einfetten
- frisches Bauernbrot, zum Servieren

So geht's

Cidre, Salbei und Pfeffer in einer großen Schüssel verrühren. Das Fleisch zugeben und gut vermengen. Abdecken und 1–2 Stunden im Kühlschrank marinieren.

Den Grill vorheizen. Die Fleischwürfel abtropfen lassen und die Marinade aufbewahren. Die Apfelspalten in der restlichen Marinade schwenken. 4 Metallspieße einölen und Fleischwürfel und Äpfel abwechselnd daraufstecken. Das Sonnenblumenöl in die Marinade rühren.

Die Spieße über mittlerer Glut 12–15 Minuten unter häufigem Wenden grillen. Dabei mit der Marinade bestreichen. Auf 4 Tellern anrichten und mit frischem Bauernbrot servieren.

Griechische Gemüsespieße

Spieße

Zutaten für 4 Personen

- 2 Zwiebeln,
  in Spalten geschnitten
- 8 neue Kartoffeln,
  gut abgebürstet
- Salz
- 1 Aubergine, in
  8 Stücke geschnitten
- 1 rote Paprika, in
  8 Stücke geschnitten

- 1 gelbe Paprika,
  in 8 Stücke geschnitten
- 8 dicke Scheiben Salat-
  gurke
- 250 g Haloumi, in
  8 Stücke geschnitten
- 2 Nektarinen,
  in Spalten geschnitten
- 8 kleine Champignons

- 2 EL Olivenöl
- 2 TL frisch gehackter
  Thymian
- 2 TL frisch gehackter
  Rosmarin
- 1 Rezeptmenge
  Gurken-Joghurt-Dip
  (s. S. 140),
  zum Servieren

So geht's

Den Grill vorheizen. Zwiebeln und Kartoffeln in einen Topf mit Salz-
wasser geben und 10 Minuten kochen. Mit einem Schaumlöffel aus dem
Topf heben, abtropfen und abkühlen lassen. Auberginenstücke und
Paprika in das kochende Wasser geben und 2 Minuten garen. Die
Gurkenstücke zugeben und 1 Minute mitkochen. Abgießen, abtropfen
und auskühlen lassen.

Gemüse, Käse, Nektarinen und Pilze in eine Schüssel geben. Olivenöl,
Thymian und Rosmarin zufügen, gut vermengen und kurz ziehen lassen.
Die Zutaten nun abwechselnd auf 4 lange Metallspieße stecken.

Die Spieße über starker Glut 15 Minuten unter häufigem Wenden
grillen. Auf eine Servierplatte geben und mit dem Gurken-Joghurt-Dip
servieren.

Karibische Fischspieße

Spieße

Zutaten für 6 Personen

- 1 kg Schwertfischsteaks, in 2,5 cm große Würfel geschnitten
- 3 Zwiebeln, in Spalten geschnitten
- 6 Tomaten, geviertelt
- 6 lange Holzspieße, 30 Minuten in kaltem Wasser eingeweicht

Marinade
- 3 EL Olivenöl
- 3 EL Limettensaft
- 1 Knoblauchzehe, fein gehackt
- 1 TL Paprikapulver
- Salz und Pfeffer

So geht's

Für die Marinade alle Zutaten in einer großen Schüssel verrühren. Die Fischwürfel zugeben und vorsichtig vermengen. Abdecken und 1 Stunde im Kühlschrank marinieren.

Den Grill vorheizen. Die Fischwürfel abtropfen lassen und die Marinade aufbewahren. Zwiebeln, Fischwürfel und Tomaten abwechselnd auf die Holzspieße stecken.

Die Spieße über mittlerer Glut 8–10 Minuten unter häufigem Wenden grillen. Dabei mit der Marinade bestreichen. Auf einer Servierplatte anrichten und sofort servieren.

Indische Hackfleischspieße

Spieße

Zutaten für 4 Personen

- 1 kleine Zwiebel, fein gehackt
- 500 g Lammhackfleisch
- 2 EL Currypaste
- 2 EL Naturjoghurt
- Sonnenblumenöl, zum Einfetten

Tomaten-Sambal
- 3 Tomaten, in kleine Würfel geschnitten
- 1 Prise gemahlener Koriander
- 1 Prise gemahlener Kreuzkümmel
- 2 TL frisch gehackter Koriander
- Salz und Pfeffer

Zum Servieren
- frisch ausgebackene Papadums
- Chutney (nach Belieben)

So geht's

Zwiebel, Hackfleisch, Currypaste und Joghurt in eine Schüssel oder in den Mixer geben und gut vermengen. Aus der Masse 8 Würstchen formen. 8 Metallspieße einölen und durch die Würstchen stecken. Auf einen Teller legen, abdecken und 30 Minuten im Kühlschrank ziehen lassen.

Den Grill vorheizen. Für das Sambal alle Zutaten in eine Schüssel geben, verrühren, abdecken und kalt stellen.

Den Grillrost etwas einölen und die Spieße über starker Glut 10–15 Minuten unter häufigem Wenden grillen. Dabei mit etwas Sonnenblumenöl bestreichen. Mit dem Tomaten-Sambal, frischen Pappadums und nach Belieben mit etwas Chutney servieren.

Zutaten für 4 Personen

- 650 g ausgelöste Lammkeule, in 2,5 cm große Würfel geschnitten
- 12 große Champignons
- 4 Scheiben durchwachsener Frühstücksspeck, halbiert
- Öl, zum Einfetten

- 8–12 Kirschtomaten
- 1 große grüne Paprika, in Stücke geschnitten
- frisches Baguette, zum Servieren

Marinade
- 4 EL Sonnenblumenöl
- 4 EL Zitronensaft

- 1 Zwiebel, fein gehackt
- ½ TL getrockneter Rosmarin
- ½ TL getrockneter Thymian
- Salz und Pfeffer

So geht's

Für die Marinade die Zutaten in einer großen Schüssel verrühren. Fleisch und Pilze zugeben und gut vermengen. Abdecken und bis zu 8 Stunden im Kühlschrank marinieren.

Den Grill vorheizen. Die Speckscheiben aufrollen. Fleisch und Pilze abtropfen lassen und die Marinade durch ein Sieb in eine Schüssel abseihen. 4 Metallspieße einölen. Speck, Fleisch, Pilze, Tomaten und Paprika abwechselnd auf die Spieße stecken.

Die Spieße über mittlerer Glut 10–15 Minuten unter häufigem Wenden grillen. Dabei mit der Marinade bestreichen. Auf 4 Teller verteilen und mit frischem Baguette servieren.

Fruchtige Hähnchenspieße

Spieße

Zutaten für 4 Personen

- 4 Hähnchenbrust-
  filets (à 175 g),
  in 2,5 cm große
  Würfel geschnitten
- Zitronen- und Orangen-
  zesten, zum Garnieren

Zitrusmarinade
- fein abgeriebene Schale
  und Saft von ½ Zitrone
- fein abgeriebene Schale
  und Saft von ½ Orange
- 2 EL Honig
- 2 EL Olivenöl, plus etwas
  mehr zum Einfetten

- 2 EL frisch gehackte
  Minze, plus etwas
  mehr zum Garnieren
- ¼ TL gemahlener
  Koriander
- Salz und Pfeffer

So geht's

Für die Marinade alle Zutaten in einer großen Schüssel verrühren. Das Fleisch zugeben und gut vermengen. Abdecken und bis zu 8 Stunden im Kühlschrank marinieren.

Den Grill vorheizen. Die Fleischwürfel abtropfen lassen und die Marinade aufbewahren. 4 lange Metallspieße einölen und die Fleischwürfel daraufstecken.

Die Spieße über mittlerer Glut 6–10 Minuten unter häufigem Wenden grillen. Dabei mit der Marinade bestreichen. Auf eine Servierplatte geben und mit Minze und Zitronen- und Orangenzesten garnieren. Sofort servieren.

Zutaten für 4 Personen

- 500 g Putenbrustfilet, in 5 cm große Würfel geschnitten
- 2 Zucchini, in Scheiben geschnitten
- je 1 rote und 1 gelbe Paprika, in kleine Stücke geschnitten
- 8 Kirschtomaten
- 8 Perlzwiebeln
- 4 lange Holzspieße, 30 Minuten in kaltem Wasser eingeweicht

Marinade
- 6 EL Olivenöl
- 3 EL trockener Weißwein
- 1 TL grüne Pfefferkörner, zerdrückt
- 2 EL frisch gehackter Koriander
- Salz

Korianderpesto
- 50 g frische Korianderblätter
- 20 g frische Petersilie

- 1 Knoblauchzehe
- 50 g Pinienkerne
- 25 g frisch geriebener Parmesan
- 6 EL natives Olivenöl extra
- Saft von 1 Zitrone

So geht's

Für die Marinade alle Zutaten in einer großen Schüssel verrühren. Das Fleisch zugeben und vermengen. Abdecken und 2 Stunden im Kühlschrank marinieren.

Den Grill vorheizen. Für den Pesto alle Zutaten in den Mixer geben und fein pürieren. In eine Schale füllen, abdecken und kalt stellen.

Die Fleischwürfel abtropfen lassen und die Marinade aufbewahren. Fleischwürfel, Zucchini, Paprika, Tomaten und Zwiebeln abwechselnd auf die Holzspieße stecken. Die Spieße über mittlerer Glut 10 Minuten unter häufigem Wenden grillen. Dabei mit der Marinade bestreichen. Mit dem Korianderpesto servieren.

Beilagen & Saucen

Coleslaw

Beilagen & Saucen

Zutaten für 10–12 Personen

- 1 mittelgroßer Weißkohl
- 4 Karotten, geraspelt
- 1 grüne Paprika, in feine Streifen geschnitten

Dressing
- 150 ml Mayonnaise
- 150 g fettarmer Naturjoghurt

- 1 Spritzer Tabasco
- Salz und Pfeffer

So geht's

Für das Dressing alle Zutaten in einer Schüssel verrühren.

Den Kohlkopf vierteln und den Strunk entfernen. Nun den Kohl fein hobeln, unter fließend kaltem Wasser abbrausen und abtropfen lassen.

Kohl, Karotten und Paprika in eine große Schüssel geben. Das Dressing darübergießen und gut vermengen. Abdecken und kurz im Kühlschrank ziehen lassen. Als Beilage servieren.

Fächerkartoffeln

Beilagen & Saucen

Zutaten für 6 Personen

- 6 große Kartoffeln, abgebürstet
- 1 Knoblauchzehe, fein gehackt
- 2 EL Olivenöl
- Salz und Pfeffer

So geht's

Den Grill vorheizen. Die Kartoffeln diagonal dünn und tief einschneiden. 6 große Quadrate Alufolie vorbereiten und die Kartoffeln in die Mitte setzen.

Knoblauch und Olivenöl mischen und die Kartoffeln großzügig damit bestreichen. Mit Salz und Pfeffer würzen und die Kartoffeln fest in die Folie einschlagen.

Über starker Glut 1 Stunde unter gelegentlichem Wenden grillen. Die Folien öffnen und die Kartoffeln mithilfe einer Gabel vorsichtig auf-fächern. Warm servieren.

Panzanella

Beilagen & Saucen

Zutaten für 4–6 Personen

- 250 g Ciabatta oder Baguette vom Vortag
- 4 große vollreife Tomaten
- 6 EL natives Olivenöl extra
- 4 rote oder gelbe Paprika, halbiert und entkernt
- 100 g Salatgurke, entkernt und klein gewürfelt
- 1 große rote Zwiebel, fein gehackt
- 8 Sardellenfilets in Öl, abgetropft und gehackt
- 2 EL abgetropfte Kapern
- 4 EL Rotweinessig
- 2 EL Balsamico-Essig
- Salz und Pfeffer
- frisches Basilikum, zum Garnieren

So geht's

Das Brot in 2,5 cm große Würfel schneiden und in eine große Schüssel geben. Die Tomaten vierteln und den Saft dabei auffangen. Mit einem Teelöffel entkernen, das Fruchtfleisch klein würfeln und zu den Brotwürfeln geben.

Die Brotmischung mit 5 Esslöffeln Olivenöl und dem aufgefangenen Tomatensaft beträufeln. Gut vermengen und 30 Minuten ziehen lassen.

Den Backofengrill vorheizen. Die Paprika auf ein Backblech legen und 10 Minuten grillen, bis die Haut schwarz wird. In einen Gefrierbeutel geben, verschließen und abkühlen lassen. Dann die Paprika häuten und klein würfeln.

Gurke, Zwiebel, Paprika, Sardellenfilets und Kapern unter die Brotmischung heben. Mit Rotwein- und Balsamico-Essig beträufeln und mit Salz, Pfeffer und dem restlichen Olivenöl abschmecken. (Nicht zu viel Flüssigkeit verwenden, sonst weicht das Brot zu sehr auf!) Mit Basilikum garnieren und servieren.

Gurken-Joghurt-Dip

Beilagen & Saucen

Zutaten für 4 Personen

- 1 kleine Salatgurke
- 300 g Naturjoghurt
- 1 große Knoblauchzehe, zerdrückt
- 1 EL frisch gehackte Minze oder Dill
- Salz und Pfeffer
- warmes Pita-Brot, zum Servieren

So geht's

Die Gurke raspeln, in ein Haarsieb geben und so viel Wasser wie möglich auspressen. Die Gurkenraspeln in eine Schüssel füllen.

Joghurt, Knoblauch und Minze zugeben und gut verrühren. Mit Salz und Pfeffer abschmecken, abdecken und 2 Stunden im Kühlschrank ziehen lassen.

Den Dip vor dem Servieren umrühren und in eine Servierschale füllen. Mit Pfeffer bestreuen und mit warmem Pita-Brot servieren.

Grillgemüse mit Pestocreme

Beilagen & Saucen

Zutaten für 4 Personen

- 1 rote Zwiebel
- 1 Fenchel
- 4 Babyauberginen
- 4 Babyzucchini
- 1 orangefarbene Paprika
- 1 rote Paprika
- 2 Fleischtomaten
- 2 EL Olivenöl

- Salz und Pfeffer
- frisches Basilikum, zum Garnieren

Pestocreme
- 150 g Naturjoghurt
- 50 g frisches Basilikum
- 20 g Pinienkerne

- 1 Knoblauchzehe
- 1 Prise grobes Meersalz
- 25 g frisch geriebener Parmesan
- 50 ml natives Olivenöl extra

So geht's

Den Grill vorheizen. Für die Pestocreme den Joghurt in eine Schüssel geben. Die übrigen Pestozutaten in einem Mörser zerdrücken und verrühren. 4 Esslöffel Pesto in den Joghurt rühren, die Schüssel abdecken und kalt stellen. Den übrigen Pesto anderweitig verwenden.

Zwiebel und Fenchel in Spalten schneiden. Auberginen und Zucchini in dicke Scheiben schneiden. Paprika in dicke Streifen schneiden. Die Tomaten halbieren. Das Gemüse mit etwas vom Öl bestreichen und mit Salz und Pfeffer würzen.

Auberginen und Paprika über mittlerer Glut 3 Minuten grillen. Dann das restliche Gemüse zugeben und etwa 5–10 Minuten grillen, dabei regelmäßig mit dem restlichen Öl bestreichen. Auf eine Servierplatte geben, mit Basilikum garnieren und mit der Pestocreme servieren.

Aïoli

Beilagen & Saucen

Zutaten für etwa 250 g

- 3 große Knoblauchzehen, fein gehackt
- 2 Eigelb
- 225 ml natives Olivenöl extra

- 1 EL Zitronensaft
- 1 EL Limettensaft
- 1 EL Dijon-Senf

- 1 EL frisch gehackter Estragon, plus etwas mehr zum Garnieren
- Salz und Pfeffer

So geht's

Achten Sie darauf, dass alle Zutaten vor der Zubereitung Zimmer-temperatur haben. Knoblauch und Eigelb in der Küchenmaschine verquirlen. Unter Rühren das Öl teelöffelweise zugeben, bis die Masse andickt.

Zitronen- und Limettensaft, Senf und Estragon vorsichtig unterrühren. Mit Salz und Pfeffer abschmecken. In eine Schüssel füllen und mit Estragon garnieren. Sofort servieren.

Exotischer Reissalat

Beilagen & Saucen

Zutaten für 4 Personen

- 120 g Langkornreis
- Salz und Pfeffer
- 250 g Ananasstückchen aus der Dose
- 200 g Gemüsemais, abgetropft
- 2 rote Paprika, in kleine Stücke geschnitten

- 4 Frühlingszwiebeln, fein gehackt
- 3 EL Rosinen

Dressing
- 1 EL Erdnussöl
- 1 EL Haselnussöl
- 1 EL helle Sojasauce

- 1 Knoblauchzehe, fein gehackt
- 1 TL frisch geriebener Ingwer

So geht's

Den Reis in einen Topf mit Salzwasser geben und 15 Minuten gar kochen. Abgießen, unter fließend kaltem Wasser abschrecken und abtropfen lassen. In eine große Salatschüssel füllen.

Die Ananasstücke abtropfen lassen und dabei den Saft auffangen. Ananas, Mais, Paprika, Frühlingszwiebeln und Rosinen mit dem Reis vermengen.

Für das Dressing alle Zutaten zusammen mit dem Ananassaft in einer Schüssel verrühren. Über den Salat gießen und gut vermengen. Sofort servieren.

Zutaten für etwa 300 g

- 2 große Eigelb
- 2 TL Dijon-Senf
- ¾ TL Salz
- weißer Pfeffer
- 2 EL Zitronensaft oder Weißweinessig
- 300 ml Sonnenblumenöl

So geht's

Achten Sie darauf, dass alle Zutaten vor der Zubereitung Zimmertemperatur haben. Eigelb, Senf, Salz und Pfeffer in der Küchenmaschine verquirlen. Dann den Zitronensaft unterrühren.

Unter Rühren das Öl tropfenweise zugießen, bis die Creme etwas andickt. Mit Salz und Pfeffer abschmecken. (Sollte die Mayonnaise zu dick sein, vorsichtig 1 Esslöffel heißes Wasser, Sahne oder Zitronensaft unterrühren.)

Sofort servieren oder in einem luftdicht schließenden Gefäß bis zu 1 Woche im Kühlschrank aufbewahren.

Tomatensauce

Beilagen & Saucen

Zutaten für etwa 500 ml

- 1 EL Butter
- 2 EL Olivenöl
- 1 Zwiebel, gehackt
- 1 Knoblauchzehe, fein gehackt

- 400 g geschälte Tomaten aus der Dose oder 500 g frische Tomaten, gehäutet
- 1 EL Tomatenmark

- 100 ml Rotwein
- 150 ml Gemüsebrühe
- ½ TL Zucker
- 1 Lorbeerblatt
- Salz und Pfeffer

So geht's

Butter und Öl in einem großen Topf zerlassen und Zwiebel und Knoblauch 5 Minuten darin andünsten, bis die Zwiebel zu bräunen beginnt.

Die restlichen Zutaten in den Topf geben, mit Salz und Pfeffer würzen und zum Kochen bringen. Die Hitze auf geringste Stufe reduzieren und unter gelegentlichem Rühren 30 Minuten köcheln lassen, bis die Sauce etwas andickt.

Das Lorbeerblatt entfernen. Die Sauce im Mixer oder mit dem Pürierstab glatt pürieren.

In den Topf zurückgeben und einige Minuten kochen lassen. Sofort servieren. In einem luftdicht verschlossenen Gefäß lässt sich die Sauce im Kühlschrank einige Tage aufbewahren.

Bohnensalat mit Feta

Beilagen & Saucen

Zutaten für 4 Personen

- 350 g grüne Bohnen, geputzt
- 1 rote Zwiebel, gehackt
- 3–4 EL frisch gehackter Koriander
- 2 Radieschen, in feine Scheiben geschnitten
- 75 g Feta, zerkrümelt
- 6 Kirschtomaten oder kleine Eiertomaten, geviertelt
- 1 TL frisch gehackter oder ½ TL getrockneter Oregano
- Pfeffer
- 2 EL Rotwein- oder Obstessig
- 5 EL natives Olivenöl extra

So geht's

Die Bohnen in einen Topf mit kochendem Salzwasser geben und 10 Minuten bissfest garen. Abgießen, mit fließend kaltem Wasser abschrecken und abtropfen lassen.

Die Bohnen in eine Schüssel füllen und mit Zwiebel, Koriander, Radieschen, Feta und Tomaten vermengen.

Oregano, Pfeffer, Essig und Öl in einer kleinen Schüssel verrühren, über den Salat gießen und vermengen. Kurz ziehen lassen und servieren.

Kichererbsen-Sesam-Dip

Beilagen & Saucen

Zutaten für 8 Personen

- 250 g Kichererbsen, über Nacht in kaltem Wasser eingeweicht
- Saft von 2 großen Zitronen
- 150 g Tahini (Sesampaste)

- 2 Knoblauchzehen, zerdrückt
- 4 EL natives Olivenöl extra
- 1 Prise gemahlener Kreuzkümmel
- Salz und Pfeffer
- Pita-Brot, zum Servieren

Zum Garnieren
- 1 TL Paprikapulver
- frisch gehackte glatte Petersilie

So geht's

Die Kichererbsen abtropfen lassen und in einen Topf geben. Mit kaltem Wasser bedecken und zum Kochen bringen. Den Topf abdecken und etwa 2 Stunden köcheln lassen, bis die Kichererbsen sehr weich sind.

Die Kichererbsen abtropfen lassen und dabei etwas Kochwasser auffangen. Einige Kichererbsen zum Garnieren beiseitelegen und die übrigen in den Mixer geben und pürieren. Unter Rühren nach und nach den Zitronensaft und so viel von dem Kochwasser einarbeiten, bis eine glatte cremige Masse entsteht. Tahini, Knoblauch, 3 Esslöffel Olivenöl und Kreuzkümmel unterrühren. Mit Salz und Pfeffer abschmecken.

Den Dip in eine Schüssel füllen, abdecken und 2–3 Stunden im Kühlschrank ziehen lassen. Das restliche Olivenöl mit dem Paprikapulver verrühren und über den Dip träufeln. Mit Petersilie und den zurückbehaltenen Kichererbsen garnieren und mit warmem Pita-Brot servieren.

Barbecue-Sauce

Beilagen & Saucen

Zutaten für 4 Personen

- 2 EL Sonnenblumenöl
- 1 große Zwiebel, gehackt
- 2 Knoblauchzehen, gehackt
- 250 g gehackte Tomaten aus der Dose
- 1 EL Worcestersauce
- 2 EL Fruity Brown Sauce (erhältlich in allen gut sortierten Supermärkten)
- 2 EL heller Muskovado-Zucker
- 4 EL Weißweinessig
- ½ TL mildes Chilipulver
- ¼ TL Senfpulver
- 1 Spritzer Tabasco
- Salz und Pfeffer
- gegrillte Würstchen oder Burger, zum Servieren

So geht's

Das Öl in einem Topf erhitzen und Zwiebel und Knoblauch darin etwas anbräunen.

Die übrigen Zutaten zugeben und zum Kochen bringen. Die Hitze reduzieren und 10–15 Minuten unter gelegentlichem Rühren köcheln lassen, bis die Sauce etwas andickt. Vom Herd nehmen und in eine Schüssel füllen.

Warm oder kalt zu Grillwürstchen oder Burgern servieren.

Zutaten für 4–6 Personen

- 8 Ofenkartoffeln, abgebürstet
- 50 g Butter, zerlassen
- Salz und Pfeffer

Füllung (nach Belieben)

- 6 Frühlingszwiebeln, gehackt

- 50 g Gruyère, gerieben
- 50 g Salami, in feine Streifen geschnitten

So geht's

Den Backofen auf 200°C vorheizen. Die Kartoffeln auf ein Backblech geben, mehrmals mit einer Gabel einstechen und 1 Stunde im Ofen backen, bis sie weich sind. Die Kartoffeln halbieren und mit einem Löffel ausschaben, sodass eine etwa 5 mm dicke Schale bleibt.

Den Grill vorheizen. Die Kartoffeln innen mit der Butter bestreichen.

Die Kartoffelschalen mit der Innenseite nach unten über mittlerer Glut 10 Minuten grillen. Wenden und weitere 5 Minuten grillen, bis sie knusprig sind. Mit Salz und Pfeffer würzen und servieren.

Nach Belieben können die Kartoffeln auch gefüllt werden. Dafür die Innenseiten der Kartoffeln 10 Minuten grillen, die Kartoffeln umdrehen, mit Frühlingszwiebeln, Käse und Salami füllen und weitere 5 Minuten grillen, bis der Käse schmilzt.

Kürbis mit Chili und Limette

Beilagen & Saucen

Zutaten für 4 Personen

- 700 g Kürbis, geschält und in Spalten geschnitten
- 2 EL Sonnenblumenöl
- 25 g Butter
- ½ TL Chilisauce
- abgeriebene Schale von 1 Limette
- 2 TL Limettensaft

So geht's

Den Grill vorheizen. Den Kürbis halbieren und entkernen. Die Kerne abspülen und beiseitelegen. Das Kürbisfleisch in Spalten schneiden und schälen.

Sonnenblumenöl und Butter in einen großen Topf geben und unter Rühren zerlassen. Chilisauce, Limettenschale und -saft einrühren. Kürbis und Kürbiskerne zugeben und verrühren.

Die Kürbisspalten auf 4 große, doppelt gelegte Stücke Alufolie setzen, etwas Kürbiskernsud zugeben und gut einschlagen.

Die Kürbispäckchen über starker Glut 15–25 Minuten grillen, bis das Kürbisfleisch weich ist. Auf vorgewärmte Teller geben und noch in der Alufolie servieren.

Knoblauchbaguette

Beilagen & Saucen

Zutaten für 6 Personen

- 150 g weiche Butter
- 3 Knoblauchzehen, zerdrückt
- 2 EL frisch gehackte Petersilie
- Pfeffer
- 1 großes oder 2 kleine frische Baguettes

So geht's

Butter, Knoblauch, Petersilie und Pfeffer in einer Schüssel verrühren.

Das Baguette mehrmals der Länge nach einschneiden und die Knoblauchbutter in die Zwischenräume streichen. Das Baguette in ein großes Stück Alufolie einschlagen.

Den Grill vorheizen und das Baguette über starker Glut 10–15 Minuten grillen, bis die Butter ganz geschmolzen ist. Als Beilage servieren.

Zutaten für 4 Personen

- 4 Zuckermaiskolben, mit Blättern
- Salz und Pfeffer
- 100 g weiche Butter
- 1 EL frisch gehackte Petersilie
- 1 TL frisch gehackter Schnittlauch
- 1 TL frisch gehackter Thymian
- abgeriebene Schale von 1 Zitrone

So geht's

Den Grill vorheizen. Die Maiskolbenblätter nach unten klappen und die Fäden von den Maiskolben entfernen. Die Blätter wieder nach oben streichen und eventuell mit Küchengarn um den Kolben binden.

Die Maiskolben in einem großen Topf mit Salzwasser 5 Minuten garen. Abgießen und abtropfen lassen. Dann die Maiskolben über mittlerer Glut 20–30 Minuten unter häufigem Wenden grillen.

Butter, Kräuter und Zitronenschale in einer Schüssel verrühren und mit Salz und Pfeffer abschmecken. Die Maiskolben auf 4 Teller verteilen und die Blätter abziehen. Großzügig Kräuterbutter darübergeben und servieren.

Sommerliche Gemüsepäckchen

Beilagen & Saucen

Zutaten für 4 Personen

- 1 kg gemischtes
  junges Gemüse,
  z. B. Karotten, grüner
  Spargel, Babymaiskolben,
  Kirschtomaten, Frühlings-
  oder Silberzwiebeln,
  Zucchini und Peperoni

- Saft und abgeriebene
  Schale von 1 Zitrone
- 120 g weiche Butter
- 3 EL frisch gehackte
  gemischte Kräuter,
  z. B. Petersilie, Thymian,
  Schnittlauch und Kerbel

- 2 Knoblauchzehen
- Salz und Pfeffer

So geht's

Den Grill vorheizen. 4 Quadrate Alufolie mit einer Seitenlänge von
30 cm vorbereiten und das Gemüse darauf verteilen.

Zitronenschale, Butter, Kräuter, Knoblauch, Salz und Pfeffer in eine
Schüssel geben und gut vermengen. Die Kräuterbutter in Flöckchen
auf dem Gemüse verteilen. Die Alufolie um das Gemüse schlagen und
die Päckchen fest verschließen.

Über mittlerer Glut 25–30 Minuten unter gelegentlichem Wenden
grillen. Die Päckchen öffnen, mit dem Zitronensaft beträufeln und
sofort servieren.

Taboulé

Beilagen & Saucen

Zutaten für 4 Personen

- 175 g Bulgur
- 3 EL natives Olivenöl extra
- 4 EL Zitronensaft
- Salz und Pfeffer
- 4 Frühlingszwiebeln, in dünne Scheiben geschnitten

- 1 grüne Paprika, in feine Streifen geschnitten
- 4 Tomaten, klein gewürfelt
- 2 EL frisch gehackte Petersilie

- 2 EL frisch gehackte Minze, plus einige Blätter zum Garnieren
- 8 entsteinte schwarze Oliven

So geht's

Den Bulgur in eine große Schüssel füllen, mit kaltem Wasser bedecken und 30 Minuten quellen lassen, bis sich das Volumen verdoppelt hat. Abgießen, abtropfen lassen und mit den Händen das restliche Wasser herauspressen. Auf Küchenpapier ausbreiten und trocknen lassen.

Den Bulgur in eine große Salatschüssel füllen. Olivenöl, Zitronensaft, Salz und Pfeffer in einer Schüssel verrühren. Das Dressing über den Bulgur gießen und gut vermengen. Abdecken und 1 Stunde ziehen lassen.

Frühlingszwiebeln, Paprika, Tomaten und Kräuter unter den Bulgur heben. Die Oliven darauf verteilen, mit Minze garnieren und servieren.

Nudelsalat mit Basilikum

Beilagen & Saucen

Zutaten für 4 Personen

- 250 g getrocknete Fussili
- Salz und Pfeffer
- 2 EL Pinienkerne
- 4 Tomaten, in Spalten geschnitten
- 25 g getrocknete Tomaten in Öl
- 50 g entsteinte schwarze Oliven, halbiert

- 2 EL frisch geriebener Parmesan
- frisches Basilikum, zum Garnieren

Vinaigrette
- 15 g Basilikumblätter
- 1 Knoblauchzehe, zerdrückt

- 2 EL frisch geriebener Parmesan
- 4 EL natives Olivenöl extra
- 2 EL Zitronensaft

So geht's

Die Pasta in einen großen Topf mit kochendem Salzwasser geben und 10–12 Minuten al dente kochen. Abgießen, unter fließend kaltem Wasser abschrecken und abtropfen lassen. In eine große Salatschüssel füllen.

Für die Vinaigrette alle Zutaten in den Mixer geben und fein pürieren. Die Pinienkerne in einer Pfanne kurz anrösten, bis sie goldbraun sind.

Frische und getrocknete Tomaten sowie Oliven zusammen mit der Vinaigrette unter die Pasta heben. Mit Parmesan und Pinienkernen bestreuen und mit Salz und Pfeffer abschmecken. Mit Basilikum garnieren und sofort servieren.

Spinat-Orangen-Salat

Beilagen & Saucen

Zutaten für 4–6 Personen

- 250 g Babyspinat
- 2 große Orangen
- ½ rote Zwiebel, fein gehackt

Dressing
- 3 EL natives Olivenöl extra
- 2 EL frisch gepresster Orangensaft

- 2 TL Zitronensaft
- 1 TL Honig
- ½ TL körniger Senf
- Salz und Pfeffer

So geht's

Die Spinatblätter unter fließend kaltem Wasser waschen, zu harte Stiele abschneiden und große Blätter halbieren. Abtropfen lassen und in eine Salatschüssel füllen.

Die Orangen filetieren und zusammen mit der Zwiebel zum Spinat geben.

Für das Dressing alle Zutaten in einer kleinen Schüssel verrühren und über den Salat gießen. Gut vermengen und servieren.

Kartoffelsalat

Beilagen & Saucen

Zutaten für 4 Personen

- 700 g kleine neue Kartoffeln
- 8 Frühlingszwiebeln, diagonal in Ringe geschnitten

- 1 hart gekochtes Ei, klein gewürfelt
- 250 ml Mayonnaise
- 1 TL Paprikapulver
- Salz und Pfeffer

Zum Garnieren
- 2 EL frisch gehackter Schnittlauch
- 1 Prise Paprikapulver

So geht's

Die Kartoffeln in einen großen Topf mit kochendem Salzwasser geben und 10–15 Minuten gar kochen. Abgießen, unter fließend kaltem Wasser abschrecken und abtropfen lassen.

Die Kartoffeln in eine große Salatschüssel geben. Frühlingszwiebeln und Ei zugeben und vermengen.

Mayonnaise und Paprika in einer Schale verrühren und mit Salz und Pfeffer abschmecken. Über die Kartoffeln geben und vermengen. Abdecken und kurz im Kühlschrank ziehen lassen.

Den Salat mit Schnittlauch und Paprika bestreuen und servieren.

Guacamole

Beilagen & Sauces

Zutaten für 4 Personen

- 2 große vollreife Avocados
- Saft von 1 Limette
- 2 TL Olivenöl
- ½ Zwiebel, fein gehackt
- 1 frischer grüner Chili, z. B. Poblano, entkernt und fein gehackt

- 1 Knoblauchzehe, zerdrückt
- ¼ TL gemahlener Kreuzkümmel
- 1 EL frisch gehackter Koriander
- Salz und Pfeffer

- frischer Dill oder Koriander, zum Garnieren
- Tortilla-Chips, zum Servieren

So geht's

Die Avocados halbieren und den Kern entfernen. Schälen und das Fruchtfleisch klein würfeln. Sofort mit Limettensaft und Öl beträufeln.

Das Fruchtfleisch mit einer Gabel zerdrücken oder im Mixer pürieren, bis die gewünschte Konsistenz erreicht ist. Zwiebel, Chili, Knoblauch, Kreuzkümmel und Koriander unterrühren. Mit Salz und Pfeffer abschmecken.

In Schalen umfüllen, mit Dill oder Koriander garnieren und sofort mit Tortilla-Chips servieren.

Zutaten für 6 Personen

- 450 g feste vollreife Tomaten, klein gewürfelt
- 1 frischer Jalapeño-Chili, entkernt und fein gehackt
- 2 TL natives Olivenöl extra

- 1 Knoblauchzehe, zerdrückt
- abgeriebene Schale und Saft von 1 Limette
- 1 Prise Zucker

- 4 EL frisch gehackter Koriander, plus einige Blätter zum Garnieren
- Salz und Pfeffer

So geht's

Alle Zutaten in eine Schüssel geben und gut vermengen. Die Schüssel abdecken und 30 Minuten bei Zimmertemperatur ziehen lassen. Mit Koriander garnieren und servieren.

Die Salsa kann 2–3 Tage im Kühlschrank aufbewahrt werden. Sie sollte dann 1 Stunde vor dem Servieren aus dem Kühlschrank genommen werden.

Paprika-Relish

Beilagen & Saucen

Zutaten für 6–8 Personen

- je 1 gelbe, rote und grüne Paprika
- 1 EL natives Olivenöl extra
- ½ TL brauner Zucker
- 1 TL Balsamico-Essig
- ¼ TL Salz
- ¼ TL Paprikapulver

So geht's

Den Backofengrill vorheizen. Die Paprika auf den Rost legen und unter häufigem Wenden 15 Minuten grillen, bis die Haut schwarz wird.

Die Paprika in eine große Schüssel geben, mit einem sauberen Geschirr- tuch abdecken und mindestens 2 Stunden oder über Nacht auskühlen lassen.

Die erkalteten Paprika über einer Schüssel häuten, um den Saft aufzufangen. Entkernen und das Fruchtfleisch in sehr kleine Würfel schneiden.

Die Paprikawürfel zu dem aufgefangenen Saft geben. Öl, Zucker, Essig, Salz und Paprikapulver zugeben und gut vermengen. Sofort servieren. In einem luftdicht verschlossenen Gefäß lässt sich das Relish etwa 4–5 Tage im Kühlschrank aufbewahren.

Desserts & Getränke

Bunte Fruchtspieße

Desserts & Getränke

Zutaten für 4 Personen

- 2 Nektarinen, halbiert und entsteint
- 1 Mango, geschält und entsteint
- 2 Bananen, geschält und in dicke Scheiben geschnitten
- 8 Erdbeeren, geputzt
- 2 Kiwis, geschält und geviertelt
- 4 rote Pflaumen, halbiert und entsteint
- 2 EL Honig
- 5 EL Cointreau
- Holzspieße, 30 Minuten in kaltem Wasser eingeweicht

So geht's

Nektarinenhälften und Mango in Spalten schneiden und zusammen mit dem restlichen Obst in eine Schüssel geben.

Honig und Cointreau in einer kleinen Schüssel verrühren und über die Früchte gießen. Vorsichtig vermengen, die Schüssel abdecken und 1 Stunde im Kühlschrank marinieren.

Den Grill vorheizen. Die Früchte abtropfen lassen und die Marinade aufbewahren. Die Fruchtstücke abwechselnd auf die Holzspieße stecken. Über mittlerer Glut 5–7 Minuten unter regelmäßigem Wenden grillen. Dabei regelmäßig mit der Marinade bestreichen. Sofort servieren.

Zutaten für 4 Personen

- 2 Äpfel, entkernt und in Spalten geschnitten
- 2 feste Birnen, entkernt und in Spalten geschnitten
- Saft von ½ Zitrone
- 25 g heller Muskovado-Zucker
- ¼ TL gemahlener Piment
- Holzspieße, 30 Minuten in kaltem Wasser eingeweicht
- 25 g Butter, zerlassen

Sauce
- 125 g Butter
- 100 g heller Muskovado-Zucker
- 6 EL Schlagsahne

So geht's

Den Grill vorheizen. Apfel- und Birnenspalten im Zitronensaft wenden. Zucker und Piment vermengen und das Obst damit bestreuen. Nun Apfel- und Birnenspalten abwechselnd auf die Holzspieße stecken.

Für die Karamellsauce Butter und Zucker in einen Topf geben und rühren, bis sich der Zucker aufgelöst hat. Die Sahne unterrühren und 1–2 Minuten kochen. Vom Herd nehmen und etwas abkühlen lassen.

Die Obstspieße über starker Glut 5 Minuten unter regelmäßigem Wenden grillen, bis das Obst weich ist. Dabei häufig mit der Butter bestreichen. Die Spieße auf Teller verteilen und mit der warmen Karamellsauce servieren.

Erfrischende Limonade

Desserts & Getränke

Zutaten für 1,2 Liter

- 4 große unbehandelte Zitronen
- 175 g Zucker

- 850 ml kochendes Wasser
- Eiswürfel, zum Servieren

So geht's

Die Zitronen unter heißem Wasser abbürsten und trocken reiben. Die Schale von 3 Zitronen sehr dünn mit einem Sparschäler abschälen, in einen großen Krug geben und den Zucker darüberstreuen. Mit dem kochenden Wasser aufgießen und sorgfältig verrühren, bis sich der Zucker aufgelöst hat. Den Krug abdecken und mindestens 3 Stunden unter gelegentlichem Rühren ziehen und abkühlen lassen. Den Saft der 3 Zitronen auspressen.

Die Zitronenschale aus der Limonade nehmen und den Zitronensaft unterrühren. Die vierte Zitrone längs halbieren und in feine Scheiben schneiden. Mit den Eiswürfeln in die Limonade geben und servieren.

Zutaten für 4 Personen

- 175 g Mascarpone
- 40 g Pekan- oder Walnusskerne, gehackt
- 4 Pfirsiche, halbiert und entsteint
- 1 TL Sonnenblumenöl
- 4 EL Ahornsirup

So geht's

Mascarpone und Nüsse in einer Schale sorgfältig verrühren und bis zum Gebrauch im Kühlschrank aufbewahren.

Den Grill vorheizen. Die Pfirsichhälften mit etwas Sonnenblumenöl bestreichen und über mittlerer Glut 5–10 Minuten grillen. Dabei einmal wenden.

Die Pfirsichhälften auf Teller verteilen und etwas Mascarpone-Nuss-Creme daraufgeben. Mit dem Ahornsirup beträufeln und sofort servieren.

Singapore Sling

Desserts & Getränke

Zutaten für 1 Person

- 6–8 gestoßene Eiswürfel
- 4 cl Gin
- 2 cl Kirschlikör

- 2 cl Zitronensaft
- 1 TL Grenadine
- Sodawasser, zum Auffüllen

Zum Garnieren
- 1 Limettenschalen-spirale
- 1–2 Cocktailkirschen

So geht's

Die Hälfte der Eiswürfel, Gin, Brandy, Zitronensaft und Grenadine in einen Cocktailshaker geben und kräftig schütteln.

Ein gekühltes Highball-Glas mit dem restlichen gestoßenen Eis füllen und den Cocktail darüber abseihen. Mit Sodawasser auffüllen. Mit Limettenzesten und Cocktailkirschen garnieren und servieren.

Gefüllte Feigen

Desserts & Getränke

Zutaten für 4 Personen

- 8 frische Feigen
- 100 g Frischkäse
- 1 TL gemahlener Zimt
- 3 EL brauner Zucker
- Naturjoghurt, Schlagsahne, Mascarpone

oder Eiscreme, zum Servieren

So geht's

8 Stücke Alufolie mit einer Seitenlänge von 18 cm zurechtschneiden. Die Feigen am Stielansatz kreuzweise einschneiden und jeweils auf ein Stück Alufolie setzen.

Frischkäse und Zimt in einer Schale verrühren. Die Feigen mit dem Frischkäse füllen und mit dem Zucker bestreuen. Dann sorgfältig in die Alufolie einschlagen.

Die Feigenpäckchen über starker Glut etwa 10 Minuten unter häufigem Wenden grillen.

Die Feigen auf Teller verteilen und sofort mit Joghurt, Schlagsahne, Mascarpone oder Eiscreme servieren.

Club Mojito

Desserts & Getränke

Zutaten für 1 Person

- 1 TL Sirop de Gomme
- frische Minzeblätter
- Saft von ½ Limette
- Eiswürfel
- 4 cl Jamaika-Rum
- Sodawasser, zum Auffüllen
- 1 Spritzer Angostura

So geht's

Sirup, Minzeblätter und Limettensaft in ein Highball-Glas füllen und die Minzeblätter mit einem Stößel zerdrücken.

Eis und Rum zugießen und mit Sodawasser auffüllen. Einen Spritzer Angostura zugeben und servieren.

Margarita

Desserts & Getränke

Zutaten für 1 Person

- grobes Salz
- 1 Limettenspalte
- 4–6 gestoßene Eiswürfel

- 6 cl weißer Tequila
- 2 cl Triple Sec
- 4 cl Limettensaft

- 1 Limettenscheibe, zum Garnieren

So geht's

Das Salz auf einem Teller verteilen. Den Rand eines gekühlten Cocktail-glases mit der Limettenspalte abreiben und in das Salz tauchen.

Das Eis in einen Cocktailshaker füllen. Tequila, Triple Sec und Limetten-saft darübergießen und kräftig schütteln.

Den Cocktail in das vorbereitete Glas abseihen, mit einer Limetten-scheibe garnieren und servieren.

Orangen-Limetten-Eistee

Desserts & Getränke

Zutaten für 3 Personen

- 300 ml Wasser
- 2 Beutel Schwarztee
- 100 ml Orangensaft
- 4 EL Limettensaft

- 1–2 EL brauner Zucker
- 8 Eiswürfel

Zum Garnieren
- Zucker
- 1 Limettenspalte

- frische Orangen-, Zitronen- oder Limettenspalten

So geht's

Das Wasser in einen Topf geben und zum Kochen bringen. Den Topf vom Herd nehmen, die Teebeutel hineinhängen und 5 Minuten ziehen lassen. Die Teebeutel herausnehmen und den Tee auf Zimmertemperatur abkühlen lassen (dauert etwa 30 Minuten). In einen Krug füllen, abdecken und mindestens 45 Minuten im Kühlschrank kühlen.

Orangen- und Limettensaft sowie Zucker unterrühren.

Für die Garnierung etwas Zucker auf einem Teller verteilen. Die Ränder von 2 Gläsern mit der Limettenspalte abreiben und in den Zucker tauchen. Die Eiswürfel in die Gläser füllen und mit dem kalten Tee aufgießen. Mit frischen Orangen-, Zitronen- oder Limettenscheiben garnieren und servieren.

Schokoladen-Rum-Bananen

Desserts & Getränke

Zutaten für 4 Personen

- 1 EL Butter
- 4 große Bananen
- 250 g Vollmilchschokolade, geraspelt
- 2 EL Rum
- Schlagsahne, Mascarpone oder Vanilleeiscreme, zum Servieren
- frisch geriebene Muskatnuss, zum Garnieren

So geht's

Den Grill vorheizen. 4 Quadrate Alufolie mit einer Seitenlänge von 25 cm zurechtschneiden und mit der Butter bestreichen.

Die Bananenschalen an einer Stelle so weit abziehen, dass die Schokoladenraspel auf die Bananen gestreut werden können. Dann die Schalen wieder gut an die Bananen drücken.

Die Bananen in die Alufolien einschlagen und über starker Glut 5–10 Minuten grillen. Die Bananen aus den Folien wickeln, auf Teller verteilen und an einer Stelle die Schale wieder abziehen. Den Rum über die Bananen träufeln.

Schlagsahne, Mascarpone oder Vanilleeis neben den Bananen anrichten, mit etwas geriebener Muskatnuss bestäuben und servieren.

Gegrillte Ananas

Desserts & Getränke

Zutaten für 4 Personen

- 1 Ananas
- 3 EL brauner Rum
- 2 EL Muskovado-Zucker
- 1 TL gemahlener Ingwer
- 4 EL zerlassene Butter

So geht's

Den Grill vorheizen. Den Blattansatz der Ananas abschneiden und die Frucht in 2 cm dicke Scheiben schneiden. Die Scheiben schälen und die „Augen" mit einem kleinen spitzen Messer herausschneiden. Den harten Strunk in der Mitte mit einem Fruchtentkerner oder einer runden Ausstechform herauslösen.

Rum, Zucker, Ingwer und Butter in einer Schale verrühren, bis sich der Zucker aufgelöst hat. Die Ananasringe damit bestreichen.

Die Ananasringe über starker Glut von jeder Seite 3–4 Minuten grillen. Auf Teller verteilen, mit der restlichen Rummischung bestreichen und sofort servieren.

Sangria

Desserts & Getränke

Zutaten für 2 Liter

- 1,5 l roter Traubensaft
- 300 ml Orangensaft
- 75 ml Cranberrysaft
- 50 ml Zitronensaft

- 50 ml Limettensaft
- 100 ml Läuterzucker
- Eiswürfel,
  zum Servieren

Zum Garnieren
- Zitronenscheiben
- Orangenscheiben
- Limettenscheiben

So geht's

Säfte und Läuterzucker in eine gekühlte große Schüssel füllen und gut verrühren.

Eiswürfel, Zitronen-, Orangen- und Limettenscheiben zugeben und servieren.

Register

In dieser Reihe erhältlich:

leicht gemacht

Schnelle Gerichte

Studenten Küche

Vegetarisch

Vegan

Wok

Grillen

Nudel Gerichte

Salate

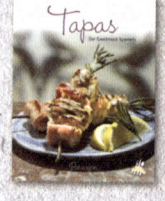
Tapas

Partyküche

Säfte & Shakes

Cocktails

Desserts

Schokolade

Cupcakes & Muffins

Backen